La Crianza PRÁCTICA

DE LOS NIÑOS PEQUEÑOS

La Crianza PRÁCTICA

DE LOS NIÑOS PEQUEÑOS

BRIDGET A. BARNES, M.S.
STEVEN M. YORK, M.H.D.

BOYS TOWN Press

Boys Town, Nebraska

La Crianza Práctica de los Niños Pequeños

Publicado por Boys Town Press
Father Flanagan's Boys' Home
Boys Town, NE 68010

ISBN-13: 978-1-934490-40-2

BOYS TOWN
Salvando Niños Curando Familias

Boys Town Press es la rama editorial de Boys Town, una organización nacional que brinda servicio a los niños y sus familias.

Publisher's Cataloging-in-Publication

Barnes, Bridget A.

Common sense parenting of toddlers and preschoolers. Spanish La crianza práctica de los niños pequeños : cómo establecer expectativas razonables, pautas para aplicar consecuencías, cómo enseñar en lugar de castigar, cómo convertir rutinas en tradicíones, cómo y cuándo usar el tempo fuera, un plan para mantener la calma / por Bridget A. Barnes y Steven M. York. -- Boys Town, NE : Boys Town Press, c2012.

p. cm.
ISBN: 978-1-934490-40-2

Translation of: Common sense parenting of toddlers and preschoolers. Boys Town Press, c2001.
Includes index.

1. Child rearing. 2. Parenting. 3. Parent and child. 4. Toddlers. 5. Preschool children. 6. Niños--Crianza. 7. Calidad de padres de familia. 8. Padre de familia e hijo. 9. Párvulos. 10. Escuelas infantiles. I. York, Steven M. II. Title

HQ774.5 .B3718 2012
649/.123--dc33 1209

10 9 8 7 6 5 4 3 2 1

Contenido

Introducción

"Me encanta criar a mis hijos, pero a veces el cansancio me impide disfrutarlo".

¿Se ha encontrado alguna vez diciendo o pensando algo parecido? Los padres tienen, de vez en cuando, sentimientos encontrados, en particular cuando sus hijos son pequeños o se están en la edad preescolar. Ser padre de un niño pequeño es estimulante y agotador a la vez. Es la mayor responsabilidad que usted jamás tendrá, y puede brindarle algunas de las experiencias más ricas y satisfactorias de la vida, como ver a su hijo caminar por primera vez o decir "papá" o "mamá".

Pero usted también sabe que criar hijos puede conducir a toda clase de extremos: lavar cinco cargas de ropa por día, lidiar con la octava rabieta de su hijo o acunar a un pequeño con fiebre en medio de una larga noche.

La crianza implica mucho aprendizaje a través de la práctica. Eso significa que los padres se enfrentan a muchas situaciones para las cuales no están preparados. Pueden responder de manera instintiva y luego preguntarse si hicieron lo correcto. Pueden sentirse inseguros con respecto a sus aptitudes como padres. Es necesario que todos los padres tengan en cuenta que, a veces, las cosas salen bien y, a veces, no. Eso forma parte de ser padres.

Como les sucede a casi todos los padres, en ciertas ocasiones, necesitará ayuda y consejos cuando esté atravesando momentos complicados con sus hijos. Todos dudan, alguna que otra vez, de la efectividad de sus métodos. Por eso, desarrollamos Common Sense Parenting® (La Crianza Práctica). Le ofrece destrezas fáciles de aprender, cuya eficacia conocemos, y métodos prácticos de enseñanza que pueden ayudar a los padres a formar hogares más felices. Hemos enseñado estos métodos a miles de padres en clases dictadas en todo el país durante la última década con resultados positivos.

¿Por qué funcionan tan bien nuestros métodos de enseñanza? Porque ponemos énfasis en dos cosas: la cabeza y el corazón. La cabeza hace referencia a emplear un método lógico y práctico para enseñar a sus hijos destrezas que los ayuden a aprender a tener autodisciplina. El corazón es el amor incondicional que usted siente por sus hijos y que le permite apoyarlos a medida que aprenden y crecen. Cuando falta alguno de estos elementos, se produce un desequilibrio y los métodos pierden eficacia. Si los aunamos, obtenemos una manera potente de abordar la crianza de los hijos.

Nuestras técnicas de enseñanza ofrecen una amplia variedad de herramientas de crianza que han dado buenos resultados en familias de todos los entornos sociales. Sea usted un novato entusiasmado con su primer hijo, o un padre, una madre o un abuelo exasperado con un niño difícil de llevar, este método de crianza puede serle útil.

"Si ves marcas en la pared, es probable que tu hijo de dos años haya encontrado un lápiz".

Todos sabemos que no existen los padres ni los hijos perfectos. Vivimos en un mundo alborotado e imperfecto, y vamos a cometer errores, sin importar cuánto esfuerzo hagamos. También es cierto que ningún programa de crianza puede resolver todos los problemas de una familia. Sería insensato garantizar algo así. Nuestras vidas son demasiado complejas como para tener respuestas exactas para todo. Sin embargo, las destrezas que se aprenden en La Crianza Práctica (las técnicas lógicas y los fundamentos para la disciplina) brindan una base para crear su propio estilo de crianza. Los estudios de investigación realizados sobre las destrezas que enseñamos son muy positivos. Los padres mencionan que se sienten más seguros y eficaces en sus roles y que sus hijos tienen menos problemas de comportamiento.

Muchos niños, en especial los hijos únicos, crean amigos imaginarios. Por lo general esto ocurre entre los dos años y medio y los tres años.

Usted es el primer maestro de sus hijos y el más importante. Nadie debería tener mayor influencia en las vidas de sus hijos que usted. Eso significa que debe volcar a esta tarea todo el amor, la paciencia y la energía que pueda reunir. A través de todo esto, usted descubrirá que criar a un hijo es uno de los desafíos más emocionantes que jamás vaya a enfrentar.

Cuando comience a impartir enseñanzas sus hijos, recuerde que a ellos les lleva tiempo aprender ciertos comportamientos. Aunque sean pequeños, ya pueden haber aprendido algunos malos hábitos que estén muy incorporados. Estos comportamientos no cambiarán de un día para el otro. Es posible que, al principio, sus hijos se resistan a lo que usted les enseñe y que las cosas empeoren, en lugar de mejorar.

Piense en algún viaje largo que haya hecho en automóvil con la familia. Hubo que para muchas veces. Quizás alguien se mareó. Quizás usted tomó el camino equivocado. Es posible que el automóvil haya necesitado reparaciones. Usted comenzó a tener la sensación de que nunca llegaría adonde quería ir. A veces, puede que haya querido dar la vuelta y olvidarse del asunto.

Al igual que ese viaje familiar, criar a un hijo puede que no sea siempre una travesía perfecta. Pero esa travesía igual vale la pena, y usted puede llegar a destino por medio de la paciencia, el trabajo duro y la perseverancia.

Otro factor a tener en cuenta es que todas nuestras destrezas dependen de un elemento crucial: pasar tiempo con los hijos. Usted podrá enseñarles sólo si está con ellos. Es así de simple. Podrá disfrutar de la riqueza de la familia sólo si pasan tiempo juntos. Es algo absolutamente esencial. Es el pegamento que mantiene unida a la familia.

¡Buena suerte en su travesía! Está recorriendo un camino estimulante para convertirse en una mejor madre o un mejor padre. Aproveche al máximo todas las oportunidades que ese rol le da. Su amor, las destrezas que ya posee y las que aprenderá gracias a La Crianza Práctica marcarán una diferencia positiva en cómo se ocupa de sus hijos y de su disciplina.

Enséñeles bien.

CAPITULO 1

Mientras Crecen

Comprensión del Desarrollo Infantil

Muchos de nosotros hemos tenido la experiencia de sentarnos a la mesa para cenar en una reunión con familiares o amigos. Alguien menciona, al pasar, que su hijo Johnny puede recitar el abecedario completo o que ha alcanzado algún otro indicador típico de la niñez. Es tentador preguntarse por qué nuestro propio hijo, que tiene la misma edad, no puede hacer lo mismo que Juan.

Nuestro consejo es: ¡no se preocupe! Del mismo modo que las personalidades de los niños son diferentes, su desarrollo también es diferente y depende de sus propios relojes genéticos internos y del ambiente en el que se encuentran.

El desarrollo infantil se define por los indicadores perceptibles que alcanzan los niños a medida que aprenden y crecen. Los tipos de desarrollo principales son el físico, el cognitivo (mental), el social, el

emocional y el del lenguaje. Todos son igual de importantes y se producen con rapidez, pero el más perceptible es el físico. La ropa comienza a quedarles pequeña, pierden el tejido adiposo infantil, comen más, ganan altura y peso, se vuelven más coordinados, y aprenden a gatear, a caminar y a correr. Es fácil ver el desarrollo físico de los niños a medida que crecen.

El desarrollo cognitivo es el mundo del procesamiento de pensamientos que se abre para su hijo. Se vuelve más consciente del mundo, comienza a ver diferencias en la gente y los objetos, y comienza a usar la razón y el juicio. Cada vez que pregunta "¿por qué?" o puede distinguir entre un desconocido y un amigo, sus procesos cognitivos se están desarrollando. El desarrollo del lenguaje es una parte importante del desarrollo cognitivo. La comunicación de los niños pequeños comienza con balbuceos y gorgoritos. Este es un primer paso esencial para después poder pronunciar las vocales y las consonantes y, con el tiempo, las palabras que forman el lenguaje.

Entre los 18 y los 20 meses, los niños pueden aprender diez o más palabras nuevas por día.

La manera en que su hijo se relaciona con otras personas y se desenvuelve en el mundo es son destrezas cruciales del desarrollo. Este desarrollo emocional y social puede incluir el establecimiento de sentimientos de bienestar, apego e independencia. Todos estos sentimientos son importantes porque permiten al niño "conectarse" con los demás y comenzar a entender que lo que hacen puede afectar a la gente que los rodea. El desarrollo en estas áreas también ayuda a los niños a hacerse amigos de otros niños, a cooperar y a expresar emociones.

Sugerencias Útiles

Como padre o madre, es posible que se sienta abrumado por las responsabilidades relacionadas con el desarrollo que implica criar a un niño. Y puede que se pregunte cuál es la mejor manera de ayudar a su hijo a desarrollarse en las áreas de las que ya hemos hablado.

Una respuesta poderosa y, a la vez, simple es pasar tiempo con ellos. Ya lo mencionamos antes, pero sin importar cuánto lo digamos, nunca está demás repetir lo importante que es prestarle atención a la personita que está criando. Por ejemplo, algo tan simple como dedicar tiempo a jugar con sus hijos los ayudará a aprender cómo funcionan los juguetes y cómo se comunican y cooperan las personas cuando realizan actividades en grupo. O cuando abraza a un niño, le sonríe o canta con él, lo ayuda a experimentar emoción: lo que se siente ser amado y que le dediquen atención. Estas experiencias son vitales para que se desarrollen y se conviertan en miembros felices y productivos de nuestra sociedad. Si le lee, el niño comenzará a experimentar la magia del lenguaje hablado. Si le muestra cómo apilar bloques, comenzará a conceptualizar cómo se conforman las estructuras. Si juegan juntos, el niño aprenderá que cooperar es divertido. Si lo elogia porque apila bloques, comenzará a sentir orgullo por sus creaciones.

Si bien no recomendamos comparar los logros de su hijo con los de sus hermanos o vecinos, los pediatras y expertos en cuidado infantil han establecido guías de desarrollo que ilustran algunos indicadores fundamentales que la mayoría de los niños alcanzan en ciertos intervalos de edad.

> Los bebés sueñan la mitad del tiempo que duermen: el doble que los adultos.

En las próximas páginas, podrá examinar algunos indicadores en las categorías de desarrollo físico, cognitivo, emocional/social y del lenguaje. Observe dónde se encuentra su hijo. Si tiene alguna inquietud con respecto a su desarrollo, póngase en contacto con el pediatra o el médico de la familia. Conocer los indicadores de desarrollo que sus hijos han alcanzado influye en qué expectativas establece usted para ellos. Podrá obtener más información sobre el establecimiento de expectativas razonables en un capítulo posterior.

A los tres años, la mayoría de los niños pueden entender la mayor parte de las palabras que usarán en conversaciones comunes el resto de su vida.[1]

Recuerde que los niños se desarrollan a ritmos diferentes. No se preocupe si su hijo alcanza ciertos indicadores un mes después que el hijo del vecino. Un buen ejemplo es el de caminar. En promedio, los niños dan sus primeros pasos cuando tienen alrededor de 11 meses, pero muchos no caminan hasta los 17 meses. Algunos ya caminan a los nueve meses. Como regla general, no debería preocuparse si su hijo se retrasa en alcanzar un indicador de desarrollo, a menos que se pase seis meses del promedio.

Cuando lea los cuadros de desarrollo, puede ser muy útil copiar cada área de desarrollo y confeccionar una lista de los indicadores que su hijo ya ha alcanzado. Verá que usted se enfocará más, y los cambios se harán más evidentes. Los cuadros de desarrollo infantil también lo ayudarán a conocer la próxima etapa en el desarrollo de su hijo.

[1] White, B. L. (1995). **The first three years of life.** New York: Simon and Schuster.

Del Nacimiento a los Seis Meses

Cómo Crezco y Aprendo

"¡Estoy creciendo tan rápido! Estoy aprendiendo cosas sobre el mundo de muchas maneras. ¡Llevo la mayoría de los objetos a mi boca! Mis ojos se pueden enfocar mejor y mi sentido del oído se está desarrollando muy bien. Me encanta sonreír, hacer gorgoritos y balbucear a la gente que me es familiar".

Físico: rápido aumento de la estatura y el peso; desarrolla gradualmente horarios de sueño para el día y la noche; mantiene la cabeza levantada, se da vuelta e intenta alcanzar objetos; se puede sentar solo durante períodos cortos; puede comenzar la dentición; se pone en la boca todo lo que logra agarrar; usa movimientos similares al gateo; es posible que sostenga objetos con ambas manos, pero no los agarra con firmeza; comienza a sostener vasos.

Cognitivo: el sentido del oído está desarrollado a los seis meses de edad; reacciona a otras personas que hablan la lengua materna; los ojos se enfocan con claridad; reconoce el biberón con alegría; juega con el sonajero.

Lenguaje: comienza a hacer gorgoritos y, a los seis meses, ya balbucea.

Emocional/Social: puede temer a los desconocidos, pero sonríe y balbucea con la gente que le es familiar en situaciones sociales; levanta los brazos para que lo alcen; expresa los signos correspondientes a la mayoría de las emociones básicas (alegría, interés, sorpresa, miedo, enojo, tristeza, asco); puede imitar las expresiones de emociones de los adultos durante interacciones cara a cara; siente curiosidad por el entorno.

De Seis Meses a Un Año

'Mama'

Cómo Crezco y Aprendo

"¡Ya me desplazo más solo! Puedo sentarme sin ayuda y gatear. Algunos de mis amigos ya caminan, pero yo todavía me apoyo en los muebles, ¡por las dudas! Sé mi nombre y puedo decir 'mamá' y 'papá'. Me encanta escuchar música y estoy aprendiendo a alimentarme solo".

Físico: se sienta solo, gatea, se pone de pie ayudándose con los muebles y es posible que camine; mejora la capacidad de agarrar objetos entre el pulgar y los otros dedos; da y toma objetos; es posible que favorezca el uso de la mano izquierda o derecha.

Cognitivo: reconoce su nombre; disfruta de escuchar música; repite comportamientos casuales que lo divierten o producen resultados interesantes, por ejemplo, un ruido nuevo; responde con alegría a la imagen en el espejo; puede diferenciar entre niños y adultos; tiene comportamientos intencionales u orientados hacia una meta.

Lenguaje: le encanta hacer ruido; el balbuceo se expande y pasa a incluir sonidos del lenguaje hablado; es posible que repita frases simples; es posible que diga "papá" o "mamá"; señala con el dedo o muestra para comunicarse; comprende unas pocas palabras y es posible que responda a solicitudes cortas y simples; comprende el significado de "no".

Emocional/Social: es posible que insista en alimentarse por sus propios medios; muestra independencia al no estar siempre dispuesto a cooperar; comienza a intentar imitar los comportamientos de los padres; muestra cierto temor a los desconocidos; muestra apego a la gente que lo cuida y le resulta familiar; usa a la persona que lo cuida como base de exploración segura; da muestras más frecuentes de enojo y temor; sonríe y ríe en situaciones sociales; muestra un apego muy fuerte a la madre y desarrolla apego por el padre, los hermanos y otras personas que le resultan familiares.

De 13 a 18 Meses

Cómo Crezco y Aprendo

"Ahora camino. Me gusta explorar e imitar lo que veo. Digo mis primeras palabras y me alimento solo. Me gusta pasar tiempo con mi mamá y mi papá, y jugar al cucú. Estoy empezando a entender cómo usar algunas cosas, como mi peine".

Físico: rápido aumento de la estatura y el peso, pero no tanto como en el primer año; se pone de pie sin ayuda; camina sin ayuda con las piernas separadas y los brazos abiertos; sube escaleras con ayuda; puede garabatear con un lápiz; construye torres de dos o tres bloques, mejora el agarre; le gusta lanzar, hacer rodar, empujar y jalar juguetes; recoge objetos estando de pie; le encanta jugar con agua; le gusta alimentarse solo.

Cognitivo: busca objetos escondidos en el último lugar que los vio; comienza a experimentar mediante prueba y error; comienza a generalizar el comportamiento (por ejemplo, cuando está en la casa, usa comportamientos aprendidos en la guardería); muestra más negativismo; explora todo; comienza a usar más objetos para un fin (por ejemplo, para peinarse); le gusta observar e imitar actividades.

Lenguaje: agrega gestos al habla; dice las primeras palabras; participa activamente en actividades por turnos, como las palmaditas y el cucú.

Emocional/Social: busca a la madre o al padre para que lo ayuden a resolver problemas; prefiere los adultos a los demás niños; participa activamente en juegos con sus hermanos; reconoce su imagen en los espejos y en videos; muestra signos de empatía; es capaz de actuar con obediencia.

De 18 a 24 Meses

Cómo Crezco y Aprendo

"Ahora camino mejor. Puedo saltar, correr y trepar, pero me caigo muchas veces. Me gusta intentar alimentarme y vestirme solo. Ahora entiendo más palabras, pero quizá creas que la única que digo es 'no'. ¡Me gusta ser más independiente!".

Físico: camina bien; también salta, corre y trepa, pero es posible que se caiga mucho; manipula objetos con buena coordinación; construye torres de cuatro o cinco bloques; le gusta empujar y jalar juguetes mientras camina; puede caminar distancias cortas hacia atrás; se puede comenzar a enseñarle a usar el inodoro; comienza a comer con tenedor.

Cognitivo: puede encontrar objetos escondidos; comprende que algo existe aunque esté oculto; participa en juegos de simulación; es capaz de categorizar mejor los objetos; puede visualizar objetos y acontecimientos mentalmente; comienza a desarrollar un concepto de sí mismo como persona, le gusta mostrar cierta independencia (por ejemplo, se alimenta solo, se desviste solo); se resiste a ir a la cama

Lenguaje: puede decir entre 3 y 50 palabras, pero es posible que entienda hasta 200; le gusta dar nombre a todo; responde a solicitudes simples, repite sonidos y gestos familiares y desconocidos; responde "no" con frecuencia.

Emocional/Social: experimenta inicios de conciencia con emociones, tales como vergüenza y turbación; tiene un vocabulario de términos referidos a las emociones y comienza a usar el lenguaje para hablar acerca de emociones y sentimientos; comienza a tolerar mejor las ausencias de la persona que lo cuida; usa su propio nombre y el pronombre personal para designar su imagen; se categoriza a sí mismo y a los demás, según la edad y el sexo; aparece el dominio propio; es posible que tenga preferencia por el padre; disfruta de imitar a los padres; es posible que muestre un gran apego por un juguete o una manta.

De Dos a Tres Años

Cómo Crezco y Aprendo

"Tengo mucha más coordinación que cuando era más pequeño. Entiendo y puedo usar más palabras. Me gusta salirme con la mía y, a veces, me molesta cuando mi rutina cambia. Me es más fácil usar el inodoro por mis propios medios, pero todavía necesito un poco de ayuda".

Físico: aumento de estatura y peso no tan rápido como en la primera infancia; mejora el equilibrio; camina con más coordinación; puede correr, saltar, trepar, avanzar de a saltos, lanzar y atrapar objetos; puede ponerse y sacarse algunas prendas; puede abotonar y desabotonar cuando los botones son grandes; usa bien la cuchara; está en movimiento constante; sube y baja escaleras solo; comienza a caminar de puntillas; pasa de hacer garabatos a dibujar de forma algo más controlada; es más independiente en el uso del inodoro, pero sigue necesitando algo de ayuda; tiene dificultad para adaptarse al horario de ir a la cama.

Cognitivo: puede tomar la perspectiva de otros en situaciones simples; es consciente de la diferencia entre los pensamientos internos y los acontecimientos físicos externos; tiene dificultad para tomar decisiones; puede ser difícil razonar con él o ella.

Lenguaje: el vocabulario aumenta rápidamente; puede armar oraciones que siguen el orden básico de las palabras en la lengua materna; tiene cierto sentido de la gramática; muestra destrezas efectivas para conversar, como turnarse y seguir el tema; muestra independencia al decir "no" con regularidad.

Emocional/Social: comienza a desarrollar el concepto de sí mismo; puede distinguir entre actos intencionales y no intencionales; comienza a emplear comportamientos cooperativos; comprende las causas y las consecuencias de emociones básicas; entiende mejor los sentimientos de los demás; distingue de qué sexo son las personas; se molesta e impacienta con facilidad; muestra su enojo mediante el llanto o el ataque físico; se frustra cuando no lo comprenden; quiere que se cumpla su voluntad; por momentos, retoma comportamientos de bebé; se molesta cuando cambia la rutina diaria; muestra cambios de humor frecuentes; se interesa más en sus hermanos; es posible que tenga un amigo imaginario; disfruta jugar a la par de otros niños, pero no con ellos; no comparte y reclama la propiedad de todo; es posible que rasguñe, golpee, muerda y empuje a otros niños.

De Tres a Cuatro Años

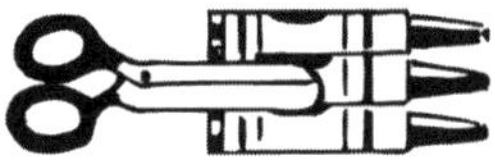

Cómo Crezco y Aprendo

"A veces parece que me muevo en todas direcciones a la vez porque ahora puedo avanzar de a saltos y arrojar y atrapar objetos. Puedo alternar el pie de apoyo y correr al galope. Estoy aprendiendo a contar y el nombre de los colores. Me gusta contar historias. A veces, no puedo diferenciar lo que es real de lo que no, así que me preocupa que haya monstruos a mi alrededor".

Físico: ayor coordinación al correr, saltar, avanzar de a saltos y lanzar y atrapar objetos; puede alternar el pie de apoyo y correr al galope; se mueve hacia delante y atrás con agilidad; puede andar en triciclo; patea balones hacia delante; lanza pelotas por encima de la altura de la cabeza, puede usar tijeras de punta redonda, por primera vez, dibuja a una persona.

Cognitivo: nota cuando las cosas cambian; puede clasificar elementos; habla consigo para guiar su comportamiento en tareas exigentes; puede recordar y aplicar información que recuerda de una situación a otra; puede contar cantidades pequeñas de objetos; nombra correctamente algunos colores; participa en juegos de simulación; comienza a tener un sentido más claro del tiempo.

Lenguaje: comprende los conceptos de "igual" y "diferente"; domina algunas reglas básicas de la gramática; habla con oraciones de cinco o seis palabras; cuenta historias; puede hablar con suficiente claridad para que lo entiendan personas desconocidas.

Emocional/Social: es capaz de controlar mejor las emociones; se hacen más comunes los sentimientos de inseguridad, tales como la vergüenza, la turbación, la culpa, la envidia y el orgullo; entabla las primeras amistades; mejora la capacidad de jugar con otros; aumenta la preferencia por compañeros de juego del mismo sexo; juega a ser "mamá" o "papá"; imagina que muchas imágenes que no le son familiares pueden ser "monstruos"; a menudo, no puede distinguir entre la fantasía y la realidad.

De Cinco a Seis Años

Cómo Crezco y Aprendo

"Estoy más alto y me siento mayor porque me están saliendo los primeros dientes permanentes. Puedo atarme los cordones y hacer dibujos más detallados. Sé hacer sumas y restas simples y sé cómo funciona el tiempo. Me gusta cantar y bailar. Quiero gustarle a mis amigos".

Físico: el cuerpo se vuelve más estilizado, con piernas más largas; puede alternar el pie de apoyo y pararse en una pierna durante diez segundos o más; sale el primer diente permanente; mejora la velocidad y la resistencia de las habilidades motoras gruesas; se ata los cordones; escribe su nombre; sabe algunas letras del abecedario y puede escribirlas en imprenta; por lo general, atiende sus propias necesidades de uso del baño, se viste y desviste sin ayuda; puede usar el tenedor, la cuchara y, a veces, un cuchillo de mesa.

Cognitivo: aumenta la capacidad de prestar atención; aumenta la capacidad de distinguir las imágenes reales de las imaginarias (por ejemplo, sabe que una persona con un disfraz de Noche de Brujas no es, en realidad, un monstruo); mejora la memoria; puede hacer sumas y restas simples; puede contar diez objetos o más; dice correctamente el nombre de, al menos, cuatro colores; entiende mejor el concepto del tiempo; conoce los elementos que se usan a diario en la casa (dinero, alimentos, electrodomésticos).

Lenguaje: dice oraciones de más de cinco palabras; usa el tiempo futuro; dice su nombre y dirección; puede contar historias más largas; usa el lenguaje para expresar empatía.

(continuación)

Emocional/Social: le gusta cantar, bailar y actuar; le gusta complacer a sus amigos y quiere ser como ellos; es más probable que acepte reglas, pero también puede ser exigente; muestra más independencia; comprende lo básico acerca de las diferencias de sexo; es capaz de distinguir la fantasía de la realidad; tiene mayor capacidad de leer señales sociales, de interpretar y predecir las reacciones emocionales de los demás, y de tener influencia en ellas.

En Resumen

Conocer cierta información básica sobre el desarrollo del niño es una parte importante para mejorar las destrezas de crianza. Ser consciente de las capacidades de sus hijos y de lo que se puede esperar que hagan a diferentes edades puede ayudar a orientarlo con respecto a cómo enseñarles, disciplinarlos y reconfortarlos, a fin de adaptarse a sus necesidades y a su nivel de desarrollo. De esa forma, no corre el riesgo de pedir a su hijo que haga algo que no es capaz de hacer ni de establecer expectativas demasiado altas. Estas situaciones pueden frustrar y desalentar tanto a usted como a su hijo (retomaremos este tema en el próximo capítulo). Y lo más importante es que determinar en qué etapa del desarrollo físico, cognitivo, emocional y social se encuentra su hijo le proporciona a usted un punto de partida para aplicar los métodos de crianza que presentaremos en este libro.

Fuentes de los indicadores de desarrollo infantil:

Berk, L.F. (1996). **Infants, children, and adolescents.** Boston: Allyn & Bacon.

Manczak, D.W. (1986-1997). **Normal childhood development.** Greenwood Village, CO: National Health Enhancement Systems, Clinical Reference Systems, Ltd.

Shelov, S.P., & Hannemann, R.E. (1993). **Caring for your baby and young child: Birth to age 5.** New York: Bantam Books.

CAPITULO 2

¡Sea Razonable!

Establecimiento de Expectativas para su Hijo

A medida que aprenda más acerca del desarrollo de su hijo, podrá identificar mejor cuáles son las expectativas razonables para sus comportamientos y logros. A menudo, las expectativas son una fuente de conflicto entre padres e hijos.

Solemos preguntar a los padres por qué leen nuestros libros o siguen nuestros cursos de La Crianza Práctica. Una respuesta habitual es que quieren tener menos conflictos con sus hijos. Por lo general, esto significa que desean que sus hijos dejen de hacer algo negativo o que comiencen a hacer algo positivo.

Por ejemplo, los padres dicen que no quieren que a su hijo le dé un berrinche cuando le ordenan que recoja sus juguetes. Lo que desean, en cambio, es que diga "de acuerdo" y recoja los juguetes de inmediato. O no quieren que su hija discuta cuando le dicen que no van a comprarle dulces en la tienda. Por el contrario, quieren que acepte con calma sus respuestas negativas. Estos ejemplos de qué hacer o dejar de hacer ilustran las expectativas de los padres en cuanto al comportamiento de sus hijos. En esta sección, hablaremos acerca de estas expectativas: cómo desarrollarlas, cómo aclararlas y cómo alentar mejoras respecto de ellas.

> El pensamiento mágico, común en niños de hasta cinco años, es la creencia de que los pensamientos o sentimientos propios influyen en las personas o el entorno cercano y pueden desencadenar acontecimientos[1].

Desarrollo de Expectativas Claras

Nuestro repaso rápido del desarrollo infantil muestra que los niños se desarrollan a su propio ritmo y de maneras únicas. Eso significa que existen límites con respecto a lo que se puede esperar de los niños de todas las edades. Por ejemplo, sería razonable esperar que una niña de cuatro años se vista sola con un poco de ayuda de los padres, como podría ser, por ejemplo, mostrarle cómo ponerse las prendas. Es probable que pueda ponerse zapatillas con velcro, pero no que pueda atarse los cordones. Si usted la ha instruido, es razonable esperar que se vista sola, dada su edad, sus capacidades y sus recursos.

Las expectativas razonables son apropiadas a la edad, la capacidad y el desarrollo del niño. Tener expectativas razonables para los niños es importante porque les facilita alcanzar el éxito y hace que los padres se sientan menos frustrados.

¿Cómo se puede saber si una expectativa es razonable o no? Si puede responder "sí" a cada una de las siguientes preguntas, entonces, es probable que esté en camino de desarrollar expectativas razonables para sus hijos.

¿Les ha enseñado a sus hijos cuáles son expectativas?

En *La Crianza Práctica*, describimos cómo enseñar a sus hijos las diversas destrezas que necesitarán para alcanzar el éxito. Enséñeles estas destrezas y lo que espera de ellos con anticipación. No es razonable esperar que sean capaces de hacer algo si no se lo ha enseñado.

¿Pueden entender sus hijos lo que les enseñó?

Una manera de comprobar si entendieron es pedirles que describan con sus propias palabras lo que les ha dicho. Es posible que su hijo no use las palabras exactas que usted usa, pero la descripción indicará si sus expectativas fueron claras y si su hijo las entiende.

¿Pueden demostrar sus hijos lo que les enseñó?

Pida a sus hijos que le muestren lo que les ha enseñado. Si pueden demostrar la tarea razonablemente bien, entonces, es probable que su expectativa se encuentre a la altura de sus capacidades.

¿Ha servido de modelo para el comportamiento que desea que tengan sus hijos?

¿Les muestra con regularidad a sus hijos lo que quiere que hagan? Actuar como modelo es una herramienta de aprendizaje muy importante y poderosa, ya que sus hijos siempre están mirando lo que usted hace e intentan imitar su comportamiento. Por lo tanto, si quiere, por ejemplo, que su hijo aprenda a dejar los calcetines sucios en la canasta, deje que lo vea hacerlo y, luego, haga que repita lo que usted hizo, es decir, que arroje otro calcetín en la canasta. Si quiere que su hija diga *"gracias"* cuando le da un juguete, dígale *"gracias"* cuando ella le da algo. Los niños pequeños, por lo general, aprenden más por imitación que por escuchar lo que les dicen..

Aclaración de las Expectativas

Hay dos partes importantes en el proceso de aclarar las expectativas a sus hijos. La primera parte está relacionada con lo que usted dice, y la segunda, con lo que hace. Trataremos este tema con mayor detalle más adelante, pero lo mencionamos aquí para que comience a analizarlo.

Lo que dice.

Use oraciones cortas y palabras que su hijo pueda entender. Además, tenga presente que las expectativas son, por lo general, más claras y efectivas cuando se describen de manera positiva, en lugar de decir lo que no se debe hacer.

Seguirá habiendo ocasiones en las cuales le indique no hacer algo, pero intente continuar con un haz algo. Por ejemplo, podría decir a su hijo de cuatro años: *"No dibujes en la pared"*. Luego, debería agregar: *"Cuando quieras dibujar, pídeme papel y siéntate a la mesa a dibujar"*.

Los niños de dos años y medio piensan, en promedio, que todo lo que se mueve está vivo (los automóviles en movimiento, una pelota que rueda).

Al describir sus expectativas de forma positiva, le dice con claridad a su hijo lo que debe hacer en el futuro. Siempre dígale lo que sí quiere que haga, en lugar de decirle simplemente lo que no quiere que haga.

Lo que hace:

¿Cómo puede asegurarse de que sus hijos entiendan sus expectativas? En primer lugar, recuerde servir de modelo para lo que desea que aprenda su hijo. En otras palabras, predique con el ejemplo. Es más probable que los niños aprendan lo que se espera de ellos a partir de lo que le ven hacer a usted que de lo que le escuchan decir. Si quiere que sus hijos digan *"por favor"* y *"gracias"*, entonces, usted debe usar esas palabras sistemáticamente. Si quiere que sus hijos digan la verdad, hágalos ver que usted tiene un trato sincero con los demás. Muchas veces, las acciones realmente valen más que mil palabras. Por ello, usted debe ser un modelo positivo constante. De esa manera, sus hijos comprenderán con mayor claridad sus expectativas.

Una vez que haya servido de modelo para sus expectativas y se las haya explicado con claridad, elogie los comportamientos coherentes con dichas expectativas y corrija los que no las satisfagan.

Por ejemplo, si su hijo de cinco años no lloriquea ni pide dulces en la tienda como lo hacía en el pasado, dígale específicamente lo que hizo bien. Aprenda a reconocer siempre el comportamiento positivo.

A su vez, si su hijo discute con usted después de que le dice *"no"*, corrija este comportamiento. Describa específicamente lo que ha hecho y dígale lo que usted espera. Al dejarlo discutir y lloriquear después de decirle "no", sólo aprenderá a desafiar más sus límites y continuar con el mal comportamiento.

Si se oye a usted mismo decir cosas, tales como *"Si tengo que decírtelo una vez más..."* o *"No me hagas ir allí"*, en lugar de describir específicamente lo que desea, no les está transmitiendo claramente a sus hijos las expectativas de cómo quiere que se comporten. Les da, por el contrario, el mensaje de que tienen varias oportunidades más de comportarse mal, ya que usted no va a resolver inmediatamente el problema relativo a su mal comportamiento. Las expectativas son claras cuando usted responde, de manera consecuente, a los comportamientos positivos y negativos de sus hijos.

Los padres también deben ponerse de acuerdo en las expectativas que tienen para sus hijos. Todos los padres necesitan tener expectativas y métodos de disciplina coherentes. Para algunas familias con dos padres, ponerse de acuerdo en las expectativas puede constituir un problema. El padre puede pensar que la madre no es razonable, que es demasiado o muy poco estricta, o viceversa. Se necesita un esfuerzo constante y una buena comunicación para que dos padres con diferentes maneras de abordar la crianza establezcan expectativas con las que puedan estar de acuerdo. Los padres deben aprender a negociar entre sí. También es importante que acuerden no discutir sobre las expectativas frente a los niños. Cuando los padres no pueden ponerse de acuerdo, la vida se vuelve confusa y problemática para todos los integrantes de la familia. Vale la pena el esfuerzo de ambos con el fin de desarrollar expectativas similares para el comportamiento de sus hijos. Establecer expectativas claras beneficia, con el tiempo, a todos los miembros de la familia.

Además, los padres necesitan evaluar las expectativas que tienen para sí mismos. A veces, es difícil para los padres de niños muy pequeños adaptarse a las exigencias de la paternidad. Puede resultarles complicado mantener el nuevo ritmo de lavado de ropa y el otro montón de tareas que forman parte de cuidar a un niño pequeño.

> Luis XIV fue coronado rey de Francia a los cinco años.

O puede ocurrir que extrañen los momentos de ocio de los cuales disfrutaban cuando no tenían hijos y las actividades de adultos, como salir a cenar con regularidad o ir a ver los estrenos al cine. Cuando llegan los hijos, los padres deben reducir su vida social, y ello puede exigir una gran adaptación.

Estas son algunas preguntas que debe hacerse sobre sus expectativas con respecto a la vida en familia: ¿ha hecho alguna evaluación de sus expectativas últimamente? ¿Necesita volver a adaptar sus expectativas con respecto a cuánto tiempo exige ser un buen padre o madre? ¿Necesita pasar con regularidad un poco de tiempo sin sus hijos, por ejemplo, hacer una salida nocturna mensual de “adultos”?

En Resumen

Las expectativas claras ayudan a los niños a comprender lo que deben y lo que no deben hacer. Les brindan un marco de referencia para el comportamiento positivo. Aunque los niños no satisfagan sus expectativas todo el tiempo, con el tiempo, la constancia y la paciencia darán sus frutos. Recuerde hacerse cuatro preguntas importantes:

"¿He enseñado lo que espero?".

"¿Pueden mis hijos comprender lo que les enseñé?".

"¿Pueden mis hijos demostrar lo que espero?".

"¿He servido de modelo para lo que quiero que hagan mis hijos?"

Si puede responder "sí" a las cuatro preguntas, está haciendo un gran trabajo al establecer expectativas claras y razonables.

Recuerde que las expectativas de los padres en cuanto a sí mismos también son importantes. Dedique tiempo con regularidad a evaluar cuáles son sus expectativas en todos los aspectos de su vida: crianza, vida social, carrera profesional, participación en la comunidad, etc.

[1] Franck, I. and Brownstone, D. (1996). **Parenting A to Z.** New York: Harper Collins.

Preguntas Frecuentes

acerca de las Expectativas Razonables

P **"¿Qué puedo esperar con respecto a la capacidad de mi hijo de jugar en buenos términos con otros niños?"**

R Puede esperar que los niños de entre dos y cinco años tengan, al principio, problemas para jugar en buenos términos con otros. Es muy común que algunos niños no aprendan a compartir hasta cumplir tres o cuatro años. Continúan creyendo que todo es "mío". Por momentos, es posible que disfruten de estar con otros niños, pero todavía no están preparados para manejar todas las novedades que implican las relaciones con otros. Asegúrese de usar *Elogios Eficaces* (consulte el capítulo 7) cuando vea que su hijo juega en buenos términos con otros. Los niños, a menudo, aprenden comportamientos de juego por imitación de otros niños, en especial de los hermanos mayores. Con el tiempo, comenzarán a compartir ciertos objetos y a aprender a cooperar durante el juego.

P **"Mi hija intimida a otros niños. ¿Es un comportamiento normal? ¿Qué debo hacer al respecto?"**

R Durante el desarrollo normal, es esperable que ocurra cierta intimidación por parte de los niños. Pero, si se convierte en algo frecuente, enséñeles un comportamiento positivo que la reemplace. Haga que su hija practique, varias veces al día, diferentes maneras de ser considerada para con los demás. Enséñele a cooperar y a obtener cosas de una manera aceptable desde el punto de vista social. Permítale obtener cosas que la diviertan cuando practica o interactúa de modo correcto con los demás. Imponga consecuencias negativas ante cualquier comportamiento intimidatorio que observe. Use un tono de voz firme y serio, y no recurra usted mismo a comportamientos intimidatorios.

P **"Hace poco, mi hijo de tres años ha comenzado a aferrarse a mí siempre que quiero ir a algún lugar sin él. ¿Es normal? ¿Hay algo que pueda hacer?"**

R La respuesta es sí a ambas preguntas. Cuando tienen alrededor de ocho meses, los niños comienzan a percibir quiénes son ellos y quiénes son sus padres. Aferrarse puede ser parte del proceso de vinculación afectiva con el padre o la madre. A medida que crecen, es posible que continúen aferrándose al padre o la madre por la seguridad que sienten. Para fomentar la independencia de su hijo, asígnele tareas sencillas que usted sepa que es capaz de hacer y elógielo por jugar solo o con otras personas. Practique con su hijo lo que debería hacer cuando usted tenga que irse de la casa. Establezca consecuencias positivas por no aferrarse a usted. Tenga en cuenta que a su hijo puede llevarle tiempo sentirse seguro e independiente y que es esperable que lloriquee y grite algunas veces; así que, tenga paciencia.

CAPITULO 3

Un Juego de Niños

Cómo Reconfortar a su Hijo

Una de las cualidades más importantes de una buena crianza es reconfortar a los hijos. **Reconfortar significa mostrar a los hijos que son amados y aceptados para que puedan crecer y desarrollarse.** Hay muchas clases de comportamientos que pueden ser reconfortantes: las sonrisas, los abrazos, los besos, las palabras de aliento, un masaje tranquilizador en la espalda, preparar una de las comidas favoritas, escuchar... cualquier acción que muestre al niño que usted lo ama.

Una buena manera de recordar estos comportamientos reconfortantes es pensar en las cinco letras **A:**

Apoyo: brindar al niño apoyo físico y emocional.

Afecto: mostrar afecto a través de acciones cotidianas, como preparar comidas nutritivas y asegurarse de que duerman lo suficiente

Aceptación: mostrar amor incondicional

Amor: exhibir apego físico y emocional (apropiado a la edad y al nivel de desarrollo del niño)

Aliento: ofrecer esperanza, coraje y confianza.

Recuerde aplicar las cinco letras **A** para equilibrar los comportamientos reconfortantes con la enseñanza y la disciplina. Esa es la mejor manera de que el niño tenga un desarrollo saludable. Es el equilibrio entre el *corazón* y la *cabeza* del que hablamos en la primera parte de este libro.

Para algunos padres, aplicar comportamientos reconfortantes es algo instintivo. Les resulta fácil comunicarse con sus hijos y con los demás respecto de cómo se sienten. Saben exactamente cuándo sonreír u ofrecer un abrazo, y cuándo disponerse a escuchar.

> El cerebro de los niños que no juegan mucho o reciben poco contacto físico crece menos de lo normal, según un estudio de la Universidad Baylor.

A otros les puede parecer más difícil. Quizá creen no ser muy buenos para mostrar sus sentimientos o les resulta complicado saber qué decir en ciertas situaciones.

Cualquiera sea su caso, aprenda cuáles son las técnicas que dan buen resultado con sus hijos y aplique esos comportamientos reconfortantes para ayudar a crear una base sólida para su crecimiento. La clave es desarrollar una relación con su hijo basada en la sinceridad y el amor.

Observemos más de cerca algunos de los signos fundamentales de las relaciones, los elementos que las hacen esenciales y valiosas. Es probable que ya posea muchas de estas cualidades. De ser así, probablemente encontrará modos para mejorar lo que ya posee. Quizás pensar en estas cualidades lo ayudará a descubrir nuevas maneras de sacar el máximo provecho de su potencial para reconfortar a sus hijos. Tómese un tiempo para seleccionar algunas destrezas que pueda aprender y haga que este aprendizaje forme parte de su objetivo de desarrollo personal. Aceptémoslo: si no buscamos mejorar continuamente, el estrés de la vida nos lleva a retomar viejos hábitos. Luego, pueden surgir comportamientos negativos a partir de nuestras frustraciones.

Lograr que las siguientes cualidades formen parte de su personalidad es muy probable que lo ayude a cultivar relaciones felices y saludables con todos. Serán especialmente útiles mientras enseña a sus hijos a llevar una vida más rica y feliz.

El Juego

Jugar con sus hijos es más que divertirse. Es un momento especial para encender la llama de la imaginación, desarrollar destrezas, explorar y, sobre todo, estar juntos.

El juego es una parte importante en el aprendizaje de los niños para superar desafíos, desarrollar sus cuerpos y sus mentes, y aprender a llevarse bien con los demás. Cuando usted dedica tiempo a sumarse al juego (lanzar pelotas, apilar bloques y reunirse a tomar el té), ayuda a su hijo a aprender esas destrezas para la vida. También adquiere más conocimientos sobre las capacidades de su hijo y sobre cómo ve el mundo. Y tiene otro beneficio: ¡es divertido!

En la próxima sección, analizaremos cómo los padres pueden convertirse en buenos compañeros de juego, cómo los juegos pueden ayudar a los niños a enfrentar desafíos y cómo las actividades recreativas pueden enseñar valiosas lecciones de vida a los niños.

Jugar Juntos

A veces, los padres se esfuerzan demasiado cuando juegan con sus hijos. En lugar de jugar, se pasan el tiempo corrigiendo a los niños o mostrándoles cómo harían algo. Dicen: *"No, mi amor. Ese bloque va arriba"* o *"Espera. Deja que yo lo hago"*. Por supuesto, está bien establecer ciertas expectativas, como no lanzar objetos ni escribir en las paredes, pero no hay que quitarle la diversión al juego con instrucciones o críticas constantes.

Si quiere divertirse más cuando juega con su hijo, cédale el papel de líder en los momentos de recreación. Después de todo, los niños son expertos cuando se trata de jugar. Aquí incluimos otros consejos prácticos para ser un mejor compañero de juego:

Aprenda a disfrutar del juego:

No mezcle el trabajo con el placer de jugar. Relájese y dese a usted y a su hijo permiso para divertirse. No pase todo el tiempo mirando el reloj. Intente dedicarse de lleno a su hijo cuando juegan juntos y no se preocupe por otras cosas que tenga que hacer. Pregúntese si cinco minutos extra de juego van a impedir que termine de hacer las otras tareas. El compromiso más importante que tiene es el niño que se encuentra frente a usted con una pila de bloques o la pelota de fútbol.

Use la creatividad:

No se limite a los juguetes que se compran en las tiendas. Algunos de los mejores juegos del mundo son gratuitos. Hay muchas maneras creativas e ingeniosas de jugar. Ya sea explorar un hormiguero, construir castillos de arena o dar un paseo a pie, hay muchas oportunidades de cultivar la imaginación de los pequeños, en especial, al aire libre. Para estimular la creatividad y la capacidad de resolución de problemas de su hijo, hágale preguntas mientras juegan o pídale que simule ser otra persona u otra cosa, por ejemplo, un animal.

Acepte el rol que le han dado:

Cuando su hijo le asigna un rol durante el juego, siga el libreto. Si quiere ser la madre o el padre y que usted sea el hijo en el juego de simulación, que así sea. Jugar a ser otra persona es una manera excelente de aprender cómo piensan y sienten los demás.

Limite la televisión como forma de juego:

Mirar, de vez en cuando, un video o un programa de televisión con su hijo puede ser bueno para relajarse, pero no permita que la televisión se convierta en la fuente principal de entretenimiento o en una niñera. Además, asegúrese de interactuar con su hijo cuando miran videos o programas de televisión juntos. Aproveche las oportunidades que le brinda el contenido del programa para dar explicaciones, compartir opiniones o hablar acerca de los valores. Muchos videos y programas son, además de entretenidos, educativos. Es importante que sea usted quien controle el televisor y no al revés. Limite el tiempo que sus hijos pueden pasar mirando televisión.

El 32 % de los niños de entre dos y siete años tienen un televisor en su habitación

Hágase tiempo para jugar:

No espere que sus hijos lo inviten a jugar. Los padres, a veces, dan a sus hijos la sutil impresión de que no están disponibles para jugar; por lo tanto, puede ocurrir que intenten llamar la atención de los padres de modos no muy apropiados. Si toma la iniciativa de hacerse tiempo para jugar con sus hijos, les hará saber que ellos le importan y que usted está disponible para jugar. Los niños quieren saber que son especiales para sus padres. No es necesario que estas actividades recreativas duren mucho. De hecho, hacer varias actividades recreativas cortas durante el día es, por lo general, mejor para todos. Algunos momentos ideales para disfrutar del juego son después de las comidas o las tareas del hogar, o durante algunos minutos cuando todos llegan a la casa.

La Importancia del Juego

Los diferentes tipos de juego enseñan a los niños diferentes lecciones de vida. Repasemos rápidamente cuán importante es el juego:

Juego Físico

El juego físico (correr, saltar, trepar, apretar, aplastar, lanzar y atrapar) ayuda a los niños a perfeccionar sus habilidades motoras finas. A través del juego físico, aprenden a usar la mente y el cuerpo para manipular su mundo.

Correr, saltar y otras formas de juego activo, en especial, los deportes en equipo, también aumentan la confianza de los niños en su propio cuerpo y les enseñan a cooperar con otros y trabajar con un objetivo común.

Imaginación y Simulación

Aliente a sus hijos a usar juguetes que despierten su imaginación, tales como bloques, muñecas, animales de peluche, muñecos coleccionables o elementos del hogar. Los juguetes que estimulan el uso de la imaginación ayudan a los niños a aprender a ser creativos y resolver problemas, dos destrezas que les serán de mucha utilidad cuando crezcan.

Una pila de bloques, por ejemplo, puede convertirse en cualquier cosa que el niño imagine: un castillo gigante o una nave espacial. Los elementos del hogar también pueden convertirse en maravillosas herramientas imaginarias. Una cuchara de madera podría usarse como una varita mágica, y una manta vieja podría convertirse en una excelente tienda de campaña.

Juego para Compartir y Comunicarse

Algunos juegos de mesa y juegos infantiles, como "corre que te atrapo" (también conocido como la roña, la mancha o la llevas) o las "escondidas", pueden ayudar a los niños a aprender a comunicarse y cooperar, al turnarse y formar parte de un equipo. Busque en la librería más cercana un libro sobre juegos infantiles.

Dibujar y hacer artesanías los ayuda a aprender a expresarse o a compartir sus sentimientos. Los juegos en los que hay que cantar también los ayudan a comprender cómo las palabras pueden representar diferentes objetos.

Sugerencias para Jugar

Estos son algunos juegos divertidos en los que puede participar con sus hijos:

Juego de los Nombres: ayude a sus hijos a que aprendan a describir objetos, personas y cosas usando palabras. Elija una palabra del día, como "redondo". (Por ejemplo: buscar, en la casa, tantas cosas redondas como sea posible. Hablar de los objetos redondos que vean en el camino a la guardería o el jardín de infancia). Intenten usar la palabra con diferentes objetos, cosas y personas que usted y sus hijos encuentren durante el día. Esta actividad es excelente para enriquecer el vocabulario de su hijo y para que comprenda cómo usar las palabras.

Espectáculo de Títeres con Calcetines: haga que sus hijos cuenten historias recurriendo a su imaginación y que lo hagan usando un calcetín viejo como títere. Los niños pueden aprender a expresar sus sentimientos y pensamientos con el títere. Ayúdelos a crear un animal o alguna otra criatura imaginaria a partir del calcetín con el uso de hilo, fieltro, retazos de tela y elementos similares. Todas las noches, a la hora de ir a dormir, el títere y su hijo pueden contarle lo que le ocurrió ese día. O puede usar el títere usted y contarle una historia a su hijo.

Cortar y Pegar: supervise a sus hijos mientras aprenden a usar tijeras y a pegar papel juntos. Hagan tarjetas de felicitación, collages para enviar a los abuelos y otras coloridas obras de arte. Deje que sus hijos expresen sus sentimientos a medida que mejoran sus habilidades motoras finas. Nota: la seguridad es importante en esta actividad. Supervíselos, enséñeles y asegúrese de que no haya tijeras puntiagudas al alcance cuando usted no está presente.

El juego de tira y afloja tiene 4.000 años.

Disfrazarse y Simular: présteles prendas viejas a sus hijos para que desempeñen nuevos roles. Hágales preguntas acerca de la persona que simulan ser, por ejemplo, de qué manera se gana la vida o dónde vive.

Pintar con los Dedos: dé a sus hijos bolsas de papel grandes con un orificio cortado en el fondo y deje que usen pintura para dedos para dibujar un objeto, un animal o una planta. Cuando la pintura se seque, permítales ponerse sus creaciones y mostrar lo que hace la figura pintada, cómo podría sentirse o cómo podría usarla la gente.

Arrojar Globos con Agua: esto ayuda a desarrollar la coordinación entre la vista y la mano, y la capacidad para interactuar con otras personas. En un día cálido de verano, arrojar globos con agua es una buena manera de refrescarse y trabajar la flexibilidad del torso y otras destrezas físicas.

Juego de las Sillas: enséñeles a apreciar la música mientras se divierten con el juego de las sillas. El juego es más divertido con varios participantes. Disponga varias sillas plegables o de cocina en fila. Debe haber una silla menos que la cantidad de jugadores. Diga a los niños que deben caminar alrededor del conjunto de sillas mientras se oye música. El objetivo del juego es sentarse en una silla sin lastimar a nadie cuando la música se detiene. La persona que se queda sin silla cuando la música se detiene queda eliminada. Puede usar un instrumento musical, una radio, o un reproductor de casetes o de CD para musicalizar el juego. Al terminar el juego, puede hablar brevemente con los niños acerca del instrumento o la música que escucharon.

Fotografías: capture el momento en que sus hijos se están portando bien y tómeles una fotografía mientras juegan en armonía, guardan sus juguetes o leen un libro. Coloque la fotografía en un lugar destacado

Diversión con Calcomanías: use calcomanías para fomentar el juego en armonía. Cuando su hijo se está llevando bien con sus compañeros de juego, ponga una calcomanía en su camisa a modo de recompensa por su buen comportamiento. Todos sabrán que se ha portado bien.

Mi Pequeño Ayudante: a los niños pequeños les encanta ayudar en las tareas de la casa. Asígneles tareas seguras que puedan realizar con su ayuda y orientación.

En la página siguiente, enumeramos las tareas acordes al desarrollo de los niños pequeños. Esta lista le dará algunas ideas para comenzar. Las tareas que presentamos aquí son un recurso para comenzar a enseñar a sus hijos pequeños a ser responsables, ayudar a los otros y ser parte de una familia. Hacer que los niños participen en tareas de la casa también puede ayudarlos a crecer en varias áreas del desarrollo.

Humor

Tener buen sentido del humor es una herramienta invaluable para reconfortar a los niños. Cuando se ríe de chistes tontos con sus hijos y los estimula para que busquen el costado humorístico en el mundo que los rodea, las cosas parecen salir mejor. Al mostrarles que usted tiene buen sentido del humor, los ayuda a aprender lo saludable que es reír. ¡Recuerde que los niños necesitan aliviar su estrés tanto como los adultos!

El humor da perspectiva. Ser padre es una travesía llena de altibajos. Si no aprende a encontrar el costado humorístico en las cosas que suceden, estará constantemente preocupado por lo malo. Un buen sentido del humor tiene el poder de aislarlo de los sentimientos negativos que pueden abatirlo y afectar sus esfuerzos de enseñanza.

No es necesario ser comediante para hacer uso del humor. La idea es comunicar a sus hijos que usted ve el

Tareas de la Casa para Niños Pequeños

Entre tres y cuatro años

Limpiar líquidos derramados.

Recoger juguetes.

Limpiar con un trapo parte de una mesa.

Poner platos, utensilios y vasos en una mesa (use elementos irrompibles).

Organizar pares de calcetines.

Poner prendas en la canasta de ropa para lavar.

Servir cereal seco.

Enjuagar elementos en el fregadero (frutas, verduras, platos irrompibles).

Revolver mezclas.

Apagar el televisor o las luces.

Poner la comida de la mascota en un bol.

Poner ropa doblada en un cajón.

Mantener la puerta abierta para que pasen otras personas.

Llevar a la casa elementos desde el automóvil (elementos pequeños e irrompibles).

Retirar elementos de la mesa después de comer (elementos irrompibles y que no produzcan derrames).

Entre cinco y seis años

Todas las tareas de la lista para niños de entre tres y cuatro años.

Estirar las mantas de las camas.

Doblar toallas.

Aprender a usar el cuchillo de mesa.

Cargar ropa en la secadora.

Buscar artículos en el supermercado.

Preparar bocadillos simples (untar mantequilla o jalea en el pan).

Quitar el polvo de los muebles.

Pasar la aspiradora.

Regar las plantas.

Organizar elementos en un estante (juguetes, libros, artículos irrompibles).

Ayudar a cuidar a sus hermanos menores (traer un pañal o un juguete, compartir juguetes, mirar un libro juntos).

Enjuagar cosas con una manguera (el automóvil, la acera, la bicicleta).

Sostener la pala para la basura.

Llenar con agua el plato de la mascota.

Doblar camisas o pantalones.

costado divertido de la vida. En el caso de los niños más pequeños, puede divertirse haciendo morisquetas o voces graciosas. Es posible que sea bueno para contar cuentos y le guste reírse con sus relatos absurdos. Quizá su sentido del humor tiende más al uso de la exageración y la atenuación, y puede dibujar una sonrisa en las caras de sus hijos con comentarios como "Debe haber comido chorrocientos tacos".

Cualquiera sea el método que emplee, es importante hacer del humor una extensión natural de su personalidad. Al usarlo de esta manera, el humor brinda un alivio grato al estrés de la vida cotidiana y nos permite relajarnos y disfrutar de nuestra compañía.

Fomente los intentos de sus hijos con el humor y enséñeles cuándo usarlo y cuándo no. Haga hincapié en que nunca se debe usar el humor para menospreciar a otra persona o cuando alguien se equivoca o se lastima. El humor es para levantar el ánimo de la gente, no para rebajarla. Tenga en cuenta que, cuando los niños son muy pequeños, puede reforzar un comportamiento si usted se ríe cuando lo realizan. No se ría de algo si no quiere que se repita, como escupir la comida.

Empatía

La empatía implica intentar comprender la situación y los sentimientos de otra persona. Para mucha gente, padres incluidos, no es tarea fácil. Mientras crecíamos, a muchos nos dijeron lo que deberíamos hacer y cómo nos deberíamos sentir. De hecho, es posible que a muchos de nosotros hasta nos hayan enseñado a negar nuestros verdaderos sentimientos. Oímos frases, tales como "No es eso lo que realmente quieres decir", *"Olvídalo. No es nada"* o *"No hay ningún motivo para que te sientas así. Cambia de actitud y recomponte"*. Es probable que nuestros padres nos hayan dicho este tipo de cosas y que nos encontremos diciendo lo mismo a nuestros hijos.

Pero ser una madre o un padre con empatía significa resistirse al impulso de hacer las cosas como siempre se han hecho. Debemos ir un paso más allá e intentar, tanto como sea posible, ver y sentir el mundo como nuestros hijos. Sólo entonces podremos comenzar a ayudarlos a entender el mundo, lo cual es nuestra responsabilidad como padres.

> "Todos los días de nuestra vida, hacemos depósitos en los bancos de memoria de nuestros hijos".
>
> – Charles Swindell

Criar a un niño muy pequeño puede poner a prueba nuestra capacidad de mostrar empatía. A veces, debemos hacer un gran esfuerzo para recordar cómo era ser niño. Es fácil olvidar lo complicado que es comunicarse cuando no conoces las palabras que necesitas, lo difícil que es comer sin ensuciarse, y lo confuso que es querer explorar y que la gente te diga continuamente *"¡no!"*.

Para los niños pequeños, la vida es un descubrimiento constante, y usted debe ser comprensivo para no desalentar su entusiasmo por aprender. También debe intentar comprender sus frustraciones y temores.

Téngalo en cuenta la próxima vez que se frustre con su hijo pequeño o en edad preescolar. Use la empatía y analice la situación desde la perspectiva de su hijo. Piense en las expectativas que tiene y si él o ella tiene la capacidad de cumplirlas. ¿Qué necesita saber su hijo para manejar mejor la situación? En breve: deténgase, piense y, luego, enseñe.

Elogios

El elogio es reconfortante. Ayuda a los niños a crecer en el aspecto emocional, tal como la comida los ayuda a crecer en el aspecto físico. Es importante elogiar los buenos comportamientos de sus hijos e, incluso, los esfuerzos frustrados de comportarse bien.

En Boys Town, creemos que el elogio es una parte tan importante de la crianza que hemos desarrollado un tipo de enseñanza llamada *Elogios Eficaces*. *Los Elogios Eficaces* son una forma de elogio intencional. En el capítulo 7, trataremos el tema con mayor profundidad y hablaremos de los diferentes tipos de elogios que puede usar para reforzar los comportamientos de sus hijos. Por ahora, veamos algunas pautas generales para emplear elogios:

- **Elogie el comportamiento del niño de una manera que pueda entender.** Evite usar frases generales. Diga específicamente qué comportamiento quiere que el pequeño repita. Por ejemplo, diga: *"Te lavaste muy bien las manos, Tatiana. Usaste jabón e hiciste mucha espuma. ¡Tus manos están muy limpias ahora!"*

- **Sea breve.** El exceso de elogios suena falso, incluso, para los niños pequeños. Simplemente enuncie el comportamiento con palabras comprensibles, específicas y apropiadas para la edad.
- **Demuestre entusiasmo.** El elogio debe transmitirse con cierta emoción. Debe sentirse bien de que su hijo haya satisfecho sus expectativas. ¡Demuéstrelo!
- **Elogie de inmediato (o tan pronto como pueda).** Cuando el elogio es tardío, pierde su eficacia. La inmediatez es de especial importancia para los niños más pequeños, dado que, en sus mundos, impera el presente. No recordarán lo que hicieron si usted les dice que se comportaron bien el día anterior.
- **No permita que el elogio se diluya con referencias a comportamientos inapropiados del pasado.** Por ejemplo, evite decir frases como: *"¡Recogiste los juguetes! ¡Eso es maravilloso! ¿Por qué no lo haces siempre? Ayer te tuve que pedir tres veces que recogieras los juguetes"*.

En Resumen

Todos los comportamientos reconfortantes de los que hemos hablado pueden ayudar a su hijo a crecer y desarrollarse. Estos comportamientos cultivan las mentes jóvenes y comienzan a enseñarles a manejar el mundo fascinante y nuevo que se abre a su alrededor. Pero, por sobre todo, reconfortar a su hijo genera un vínculo más cercano, le hace saber que usted lo ama y se preocupa por él, y ayuda a fortalecer la relación, lo cual es esencial para que su enseñanza sea eficaz.

Preguntas Frecuentes
acerca del Juego y los Comportamientos Reconfortantes

P **"¿Cuál es la mejor manera de jugar con mi hijo?"**

R Cédale el liderazgo a su hijo a la hora de jugar. Déjelo elegir con qué jugar. No dé demasiadas órdenes o instrucciones. Elogie el buen comportamiento y establezca consecuencias positivas por cooperar o compartir. Habrá momentos en que deba corregirlo, así que guíelo en la dirección correcta con delicadeza, pero también con firmeza. En ocasiones, también podrá hacer una pausa o ignorar su comportamiento hasta que vuelva a jugar de manera apropiada. Y cuando juegue bien, ¡disfrútelo!

P **"¿Por qué es más importante la cantidad de tiempo que la calidad del tiempo?"**

R La respuesta es simple: criar hijos lleva tiempo. Para ser padres eficientes, necesitamos aprovechar todo el tiempo del que disponemos con nuestros hijos. No podemos ser padres sólo cuando tenemos ganas. Debemos tener una buena relación con nuestros hijos, y desarrollar y cultivar relaciones lleva tiempo. Con todas las demás responsabilidades que tiene, habrá momentos en que sentirá la tentación de relegar la crianza de sus hijos a un segundo plano. No permita que eso ocurra. Aplique todas las técnicas que le enseñamos en *La Crianza Práctica* para fomentar los buenos momentos y atenuar los malos. Tendrá que hacer algunos sacrificios en su forma de vivir, pero criar niños felices y responsables debería ser una recompensa justa.

"¿Qué puede aprender mi hijo durante el juego?"

Se pueden aprender muchas destrezas sociales a partir del juego. Se puede aprender a compartir, a cooperar con otros, a ser creativo y a ser bien dispuesto. Se pueden practicar algunas destrezas sociales por medio de los juegos. Por ejemplo, los niños pueden aprender a seguir instrucciones con "Simón dice", a aceptar un "no" y pedir permiso con "¿Puedo mamá?", o a aceptar las consecuencias con "Pato, ñato" o "el juego de las sillas". El tiempo dedicado al juego puede ser valioso para aprender.

"¿Está bien que mi hijo varón juegue con muñecas?"

No es nada fuera de lo común que los niños pequeños de ambos sexos quieran jugar con todo tipo de juguetes. No hay ningún problema. En realidad, los padres deberían ofrecer juguetes muy variados y fomentar actividades diferentes para que sus hijos estén bien preparados desde el punto de vista social. Los padres son quienes asocian los juguetes a un sexo o al otro. Los niños no piensan de esa manera; para ellos, los juguetes son simplemente juguetes.

CAPITULO 4

La Imagen y la Palabra
Su Rol de Maestro

Como padres, somos los primeros maestros de nuestros hijos. Depende de nosotros enseñarles las destrezas que necesitan para desempeñarse no sólo en nuestras familias, sino también en la sociedad. Convertirse en un buen maestro para nuestros hijos es un trabajo de tiempo completo porque somos responsables de enseñarles todo, desde buenos modales y ética hasta cómo hacer huevos revueltos. La responsabilidad podría parecer abrumadora, pero piense en la gran oportunidad que presenta: cada vez que estamos con nuestros hijos, tenemos la posibilidad de enseñarles algo.

Cuando hablamos acerca de ser padres, hablamos indefectiblemente acerca del tiempo que hay que invertir en la crianza de los hijos. Hay que pasar tiempo con los hijos para ser buenos padres.

Cuando piense en el tiempo que pasa con sus hijos, es probable que lo primero que le venga a la mente sea los buenos momentos que compartieron, como algunas salidas en familia o una fiesta de cumpleaños especial. Pero hay veces (por ejemplo, cuando los niños se comportan mal) en que deberá dedicar tiempo a impartirles disciplina: una tarea difícil para muchos padres. A menudo, los padres recuerdan cómo les impartieron disciplina a ellos cuando eran niños. Para muchos, eso podría significar dar palmadas en las nalgas o algún otro tipo de castigo.

Pero la disciplina debería tratarse más de enseñar que de castigar. Disciplinamos a nuestros hijos para que aprendan a convivir con los demás y a hacer lo correcto. Si comienza a pensar en la disciplina como una manera de impartir enseñanza a sus hijos, las situaciones en las que recurra a la disciplina se convertirán en oportunidades para aprovechar mejor el tiempo que pasan juntos, en lugar de convertirse en obstáculos para su relación.

Piense en estas ideas la próxima vez que deba corregir el comportamiento de su hijo. En lugar de dirigir la atención a lo que hizo mal, aproveche la oportunidad para enseñarle cómo puede hacer para elegir mejor la próxima vez.

Por ejemplo, si su hijo lloriquea y pide dulces en la tienda, enséñele a pedir con amabilidad y a aceptar un "no" si esa es la respuesta que recibe. Recuerde que si no le enseña a su hijo qué es lo correcto, no puede esperar que haga lo correcto.

Es fácil recordar esta idea de disciplina positiva si tiene en cuenta estos cuatro conceptos:

Aliéntelos tanto en los fracasos como en los éxitos.

Enséñeles mediante lo que usted hace y dice.

Instrúyalos con claridad en todas las áreas de sus vidas.

Observe lo que hacen y cómo lo hacen para supervisarlos.

Puede recordarlos fácilmente (Alentar, Enseñar, Instruir y Observar) si piensa en las cuatro primeras vocales: **AEIO**. Ser un buen padre o madre significa aplicar estos cuatro conceptos y pasar tiempo con sus hijos.

Disciplina Positiva = AEIO

Tenga en cuenta que hablar de la disciplina como un tipo de enseñanza no es lo mismo que decir que los niños no deban enfrentar las consecuencias derivadas de sus comportamientos inapropiados. Eso, también, forma parte de aprender. Más adelante, analizaremos las consecuencias y cómo usarlas con eficacia.

En la próxima sección, hablaremos de otro elemento esencial de la buena crianza: la comunicación.

Comunicación Clara

Al igual que el amor, la comunicación une a las familias. Cuando nos comunicamos con claridad y eficacia, fortalecemos las relaciones familiares, aliviamos mutuamente nuestras frustraciones, y creamos un espacio en el cual todos se sienten necesitados y exitosos.

Sin embargo, muchas veces, cuando pensamos en comunicarnos con nuestros hijos, pensamos en cosas tales como decirles que recojan la ropa del suelo, que guarden los juguetes o que dejen de saltar en el sofá.

A veces, olvidamos las cosas simples, como preguntarles cómo están, abrazarlos cuando se despiertan o aplicar los comportamientos reconfortantes que tratamos con anterioridad.

A continuación, incluimos algunas ideas que lo ayudarán a comunicarse mejor con sus hijos pequeños.

Observe y escuche:

Dado que los niños pequeños no poseen un vocabulario extenso ni las destrezas verbales para decirnos lo que piensan y sienten, tenemos que emplear varias técnicas para entender lo que quieren que sepamos y para comunicarnos con ellos.

Observe las expresiones faciales y el lenguaje corporal que utilizan para comunicarse. Usted conoce la mueca que hace su hijo cuando le da de comer algo que no le gusta. Y, cuando su hija señala el refrigerador, usted sabe que quiere jugo. Su hijo se utilizará diversos modos de comunicación no verbales. Asegúrese de usar usted también expresiones faciales y lenguaje corporal. Sonría, asienta con la cabeza, señale objetos y nómbrelos para que su hijo comience a conocer cómo se llaman las cosas.

> "Los buenos padres recuerdan cómo era ser niño".
>
> – Anna Quindlen

Esté atento a los primeros intentos de hablar y usar palabras, y aliéntelos. Si su hija señala una pelota y dice *"pota"*, usted puede decir, *"Sí, ¡es una pelota! ¡Muy bien!"*.

También puede alentar el desarrollo del habla si escucha a sus hijos. Muestre entusiasmo ante el balbuceo y respóndale hablando como si comprendiera todo lo que dice. No interrumpa a sus hijos. Déjelos contar su historia. Haga preguntas para que le cuenten más. Nunca está demás repetir lo importante que es escuchar. Demuestra cariño, interés y calidez.

Elija el momento adecuado para comunicarse:

Usted puede y debe hablar con su hijo en cualquier momento. Pero el mejor momento para comunicarse es cuando usted tiene tiempo suficiente para concentrarse en lo que quiere decir. No intente tener una conversación importante con su hijo a la mañana si está por llegar tarde al trabajo. Elija otra ocasión. Además, recuerde que no habrá una comunicación eficaz si usted o su hijo está enojado o molesto: las mejores interacciones se producen cuando todos están tranquilos.

Use el nombre o el apodo de su hijo:

Puede no parecer importante, pero, a menudo, usar el nombre de su hijo hace que la conversación sea más personal y valiosa. Algunos padres parecen reservar el nombre de sus hijos sólo para corregirlos. Es mucho mejor usarlo con frecuencia para que pueda desarrollar un sentido de identidad. También puede usar palabras cariñosas, como "corazón" o "tesoro", o un apodo simpático cuando hable con su hijo. Estas son maneras agradables de reconfortar a sus hijos.

Hable cara a cara:

La gente se comunica mejor cuando se puede mirar a los ojos. Cuando habla con su hijo, asegúrese de tener conversaciones cara a cara. Evite conversar de un extremo a otro de la habitación o hablar cuando están en habitaciones diferentes, ya que, por lo general, terminará gritando. Una excepción es cuando está conduciendo y su hijo está en una silla para niños o en el asiento trasero con el cinturón de seguridad abrochado. Puede igualmente hablarle, pero, por cuestiones de seguridad, no podrá hacerlo cara a cara.

Elimine las distracciones:

Si tiene algo realmente importante para hablar con su hijo, hágalo en un lugar donde no los molesten. Apague el reproductor de video y la televisión, o elimine cualquier otra distracción que pueda interferir, y luego hable. Lo mismo se aplica cuando su hijo quiere hablar con usted; por lo tanto, haga el periódico a un lado o deje de hacer momentáneamente lo que esté haciendo para escucharlo con atención.

Póngase a la altura de su hijo:

Imagine hablar con alguien que mida el triple que usted. Sin dudas, sería atemorizante. No ponga ese tipo de distancia entre su hijo y usted. Cuando desee comunicarse, siéntese en el piso con él, siéntense en sillas enfrentadas o acomódense juntos en el sofá.

Los niños pequeños pasan entre el 12 % y el 17 % de sus horas de vigilia simplemente mirando. A los tres años, ese tiempo se reduce a menos de la mitad[1].

De esta manera, creará el marco ideal para que la comunicación tenga lugar. Pero también existen modos de ayudar a su hijo a escuchar lo que usted dice. A continuación, ofrecemos algunos consejos prácticos:

Use palabras simples:

Use palabras descriptivas, que no sean complicadas y que su hijo pueda comprender. Además, evite las palabras que puedan ser sentenciosas (como llamarlo "mocoso").

Frase imprecisa: *"¡Estás haciendo un berrinche!".*

Frase específica: *"Estás gritando y pataleando".*

Sea breve:

Use instrucciones cortas para explicar o dirigir el comportamiento de su hijo.

Instrucción extensa: *"¿Qué crees que estás haciendo? ¡Estás en graves problemas! Si no te detienes ya mismo, ¡te voy a castigar por el resto del año!".*

Instrucción breve: *"Deja de saltar en el sofá. Tiempo Quieto por haber saltado en el sofá".*

Sea consciente de sus acciones físicas:

Cómo le dice algo a un niño puede ser aún más importante que *qué* le dice. Por ejemplo, adopte una actitud firme y natural cuando corrija malos comportamientos, pero sea vivaz y entusiasta cuando transmita aprobación o esté divirtiéndose con su hijo.

No: Señale con el dedo ni se ubique por encima de la altura de su hijo

Sí: Póngase a la altura del niño, relaje el cuerpo, y evite levantar la voz o la mano.

No se desvíe del tema:

Cuando su hijo quiera discutir, no responda. Mantenga la conversación centrada en el tema inicial.

Desviarse del tema: *"No, no soy malo. No digas 'te odio'. Me pone triste".*

Mantenerse en tema: *"Olivia, deja de hablar y escúchame".*

Evite los ciclos de discusión:

Interrumpa abruptamente las peleas o disputas; para ello, aléjese o tómese tiempo para calmarse. Hablen después cuando estén calmados.

Con tono de discusión: *"Estoy harto de que siempre te estés quejando. Si sólo escucharas...".*

Con calma: *"Estás enojado, y mamá también. Respiremos profundo para sentirnos mejor. Luego, podremos hablar".*

Reformule los enunciados negativos.

Haga de modelo para mostrar a su hijo cómo quiere que diga algo de manera positiva.

Negativo: *"¡Insultar no está nada bien!".*

Positivo: *"Sé que estás molesto. Sólo di 'Estoy furioso'".*

Demuestre afecto y empatía:

Use contacto físico apropiado, sonrisas, guiños o frases comprensivas para reducir los comportamientos problemáticos y alentar los avances hacia el buen comportamiento.

Sarcástico: *"¿Por qué no puedes comportarte como un niño de tu edad?".*

Con empatía: *"¿Por qué no puedes comportarte como un niño de tu edad?".*

Con empatía: *"Comprendo que es difícil, ¡pero sé que puedes hacerlo!" (con una sonrisa).*

Antes de cerrar el tema de la comunicación, hablemos brevemente acerca de cómo los niños desarrollan destrezas de comunicación y lenguaje.

Como ya hablamos en la primera sección, las destrezas de los niños con respecto al lenguaje siguen un esquema de desarrollo similar al de las destrezas físicas y cognitivas. El lenguaje se desarrolla de forma gradual. Comienza con gorgoritos y balbuceos cuando los niños tienen apenas meses. Cuando alcanzan los cinco años, la mayoría de los niños puede entender aproximadamente el 90% de las palabras que usan los adultos.

> "El corazón de la madre es el aula del niño".
>
> – Henry Ward Beecher

Esto significa que los adultos no pueden apoyarse sólo en las palabras para comunicarse con sus hijos cuando estos son muy pequeños. Para mejorar la comunicación, algunos lingüistas recomiendan usar más gestos, y marcar más los tonos de voz y las expresiones faciales con los niños pequeños. Además, recomiendan que demuestre los comportamientos que desea que tenga su hijo.

Por ejemplo, en el caso de un niño pequeño, usted podría señalar la puerta y decir *"¡Vayamos afuera a jugar!"*, o podría usar las manos para hacer como si abriera un libro y decir con entusiasmo *"Leamos un cuento"*. En el caso de un niño más grande, podría decir

"Esto es lo que deberías decir cuando quieres algo" y luego decir exactamente lo que desee que su hijo diga.

Claves para una Comunicación Clara

A continuación, incluimos algunos puntos clave que debe recordar cuando quiera comunicarse con claridad:

- **Sea un buen ejemplo.** Los niños son grandes imitadores del comportamiento de los adultos. Asegúrese de dar a los niños muchos buenos ejemplos para seguir.
- **Sea breve y específicoc.** El período de atención de sus hijos es corto; asegúrese de que su mensaje sea lo más breve posible.
- **Sea constante.** Mostrar e indicar verbalmente el comportamiento de forma constante puede ayudar a que los niños hagan cambios positivos más rápido.
- **Diga lo que hay que hacer.** Concéntrese en lo positivo. Diga a sus hijos lo que han hecho bien o qué quiere que hagan bien. En ocasiones, también deberá cxplicar lo quc ha hccho incorrcctamcntc, pcro la atención siempre debe estar dirigida a mejorar.
- **Hable con sinceridad y diga lo que piensa.** Evite hacer amenazas en vano o dar advertencias. Hasta los niños pequeños saben cuándo hablamos en serio y cuándo no. Actuar de forma consecuente con lo que dice puede ayudar a evitar que los niños aprendan a desafiar los límites.

Descripción de Comportamientos: la Imagen y la Palabra

El primer paso para lograr una mejor comunicación con sus hijos es aprender a describirles su comportamiento; de este modo, podrá elogiar las cosas maravillosas que hagan y comenzar a corregir aquellas cosas no tan maravillosas.

Los comportamientos son todo aquello que nuestros hijos dicen o hacen y que pueden ser vistos u oídos. Nuestro deber como padres es prestar más atención a esos comportamientos y, luego, aplicar un proceso que llamamos *"La imagen y la palabra"* para enseñarles a los niños las destrezas que queremos que aprendan.

La imagen y la palabra suena a nombre de juego para niños, pero, en realidad, es un método muy serio para mejorar el comportamiento de los niños mediante el uso de destrezas cotidianas. Con esta herramienta, **se usan palabras simples y concisas para describir un comportamiento** al niño, de manera que sepa si es correcto o incorrecto. En esencia, usted hace de espejo para que el niño pueda reconocer si su comportamiento es aceptable.

Pongamos un ejemplo: su hija de dos años arroja al suelo un vaso descartable vacío en el parque. Usted recoge el vaso, mira a la niña y dice: *"Yaritza, no. El vaso va a la basura, no al suelo"* (camine con la niña hacia el recipiente para la basura y déjela arrojar el vaso). "*¡Muy bien! Arroja el vaso en la basura cuando hayas terminado".*

Con este diálogo simple, que recurre a la repetición para transmitir el mensaje deseado, usted muestra de forma visual y oral cuál es el comportamiento apropiado.

La clave para usar *la imagen y la palabra* con eficacia es ser muy preciso al describir los comportamientos. Una buena manera de comenzar la descripción es decir *"Acabas de..."* o *"Te oí decir..."*. De esa manera, su hijo relacionará sus acciones con lo que usted está diciendo.

A continuación, incluimos algunos ejemplos de *la imagen y la palabra:*

"Recién empujaste a tu hermano y lo llamaste bebé'".

"Gracias por haber guardado los juguetes en la caja".

"Cuando te di el dulce, dijiste 'gracias'".

"Quiero que atravieses la habitación sin correr".

"Di 'de acuerdo' cuando yo diga 'no'. ¡Fabuloso! Dijiste 'de acuerdo'".

Recuerde que la imagen y la palabra es una herramienta para enseñar nuevas destrezas, elogiar comportamientos o ayudar a frenar comportamientos mientras son leves; es decir, antes de que se intensifiquen. Mire lo que hace su hijo y pregúntese qué comportamiento está impidiendo que haga lo que usted desea. Luego, describa ese comportamiento inapropiado.

Por ejemplo, si su hijo está jugando con los bloques, en lugar de recogerlos, como usted le pidió, diga: *"Mario, todavía estás jugando con los bloques. Por favor, deja de jugar y ponlos en la caja".*

A los 19 meses, los niños pequeños comienzan a darse cuenta cuando las cosas no se ajustan a las ideas de los adultos. Se ríen de lo que está evidentemente mal, como llamar gato a un perro.

A menudo, los niños corrigen su comportamiento cuando usted usa la imagen y la palabra para describir lo que están haciendo mal. Pero, a veces, desafían los límites que usted establece y continúan comportándose de manera inapropiada. Cuando esto ocurre, debe decirles que habrá una consecuencia por haber continuado comportándose de manera inapropiada (en el próximo capítulo, hablaremos de las consecuencias y cómo emplearlas en la enseñanza).

Recuerde que cuanto más específico sea al describir el comportamiento de su hijo, mejor. Todos les decimos a nuestros hijos *"Pórtate bien"* o *"Ya eres grande"*, pero, a menudo, ellos no saben qué queremos decir. Es más eficaz decirles exactamente lo que queremos decir. Si "portarse bien" significa no pedir dulces en la tienda, entonces, comuníquele eso. Si "ser grande" significa pedir las cosas sólo una vez y decir "de acuerdo", dígale eso.

También es posible que deba representar ciertos comportamientos para mostrar a sus hijos de forma visual y oral lo que necesitan saber. Conocemos a un padre que le pidió varias veces a su hijo que dejara de lloriquear hasta que el niño dijo *"Papá, no sé qué es lloriquear"*. El padre actuó de manera correcta y le mostró al niño cómo se veía y el sonido que hacía cuando lloriqueaba, con lo cual le dio una idea más acabada del comportamiento inapropiado que debía dejar de tener.

La imagen y la palabra tiene resultado porque ayuda a describir específicamente lo que está haciendo el niño, en lugar de dirigir la atención a cómo reacciona usted a ese comportamiento. Es un nivelador excelente para algunas de las situaciones relacionadas con la crianza con mucha carga emotiva en las que, a veces, nos encontramos.

Esta herramienta también ayuda a evitar que grite o levante la voz para que sus hijos lo escuchen. Todos sabemos que gritar y hablar más fuerte puede dar resultado la primera vez, pero, si lo usa reiteradamente, sus hijos se condicionan y dejan de responder. Eso lo obliga a gritar más fuerte, lo cual no resuelve el problema.

El uso de *la imagen y la palabra* para describir comportamientos le permite comunicarse de forma clara y tranquila con sus hijos. También mejora su capacidad para ser constante y agradable, y lo ayuda a desarrollar un estilo de crianza más eficaz.

En Resumen

Teaching our children is a vital part of parenting. In this section, we looked at a variety of skills we can use in our teaching:

Comunicación: cómo hablamos con nuestros hijos y escuchamos lo que tienen que decir es una destreza fundamental. Debemos recordar ciertos conceptos, tales como hablar cara a cara, eliminar las distracciones y ponernos a la misma altura que nuestros hijos. También debemos elegir palabras simples para comunicarnos bien, y recordar ser conscientes de nuestras acciones físicas y nuestros gestos cuando nos comunicamos con nuestros hijos. Además, debemos tener presentes los niveles de desarrollo de nuestros hijos; algunos niños muy pequeños comprenden mejor cuando los adultos usan gestos y expresiones faciales más marcadas.

La Imagen y la Palabra: cuando usted les indica a sus hijos de forma visual y oral los comportamientos que deberían tener, los ayuda a comprender las destrezas que necesitan para desenvolverse en el mundo. Recuerde ser muy específico al describir y mostrar comportamientos a sus hijos, cuando sea necesario.

No olvide los cuatro conceptos para la disciplina positiva: **AEIO** (Alentar, Enseñar, Instruir y Observar). Aplicar estos conceptos, pasar tiempo con los hijos y ayudarlos a aprender las destrezas que necesitan es la clave para una crianza exitosa.

[1] White (1995).

Preguntas Frecuentes
acerca de la Comunicación Clara

P **"Le pido una y otra vez a mi hijo que haga algo y nunca lo hace. ¿Cómo puede ayudarme la comunicación clara?"**

R La comunicación clara lo ayudará a evitar distracciones, ciclos de discusión y luchas de poder con su hijo. Describa el comportamiento que vea u oiga. Si él lo ignora y continúa jugando, descríbale el comportamiento *("Me estás ignorando; por favor, deja de jugar y préstame atención").* Cuando le esté prestando atención, dele, con calma y firmeza, una instrucción clara de lo que quiere que haga *("Recojamos los juguetes. Es hora de cenar").*

P **"¿Puede mi hija de cuatro años entender realmente todo lo que le digo?"**

R Los niños pequeños son capaces de comprender muchos conceptos. Sin embargo, lo que mejor entienden son las palabras y los enunciados simples y concretos. Por lo tanto, es importante mostrarle lo que usted desea y también usar palabras para describirlo. La comprensión proviene de comportarse de cierta manera con frecuencia y ver los resultados de ese comportamiento. Eso lleva tiempo, y la comprensión se produce de manera gradual. Los padres deben ser constantes en el uso de *la imagen y la palabra* y dar a los niños las razones por las cuales se deben comportar de determinada manera.

"Tengo cinco hijos. ¿Debo hablar con ellos juntos o por separado cuando intento corregirlos?"

En realidad, depende de cuán cómodo se sienta hablando con ellos en grupo y qué tanto lo escuchan cuando están juntos. Si la situación se complica cuando intenta hablar con ellos juntos, hábleles de a uno. Puede ir avanzando de a poco hasta poder hablarles en grupo. Establecer consecuencias por adelantado (consulte el capítulo 5) le permitirá contar con un método sistemático para abordar a sus hijos cuando se porten mal en el mismo momento. De esa manera, sabrán lo que ocurrirá si continúan teniendo un comportamiento inapropiado.

"Mi hijo se distrae con facilidad, y le cuesta mucho quedarse quieto para recibir instrucciones. ¿Qué debo hacer"

Antes de empezar a hablar, elimine las distracciones y asegúrese de contar con la atención de su hijo. Póngase a la altura de sus ojos y use palabras que comprenda. Dado que tiene dificultades para quedarse quieto, diga lo que tenga que decir de forma simple y breve.

"Mi hijo no toma en serio nada de lo que digo. ¿Qué debo hacer?"

Hágale saber a su hijo cuándo está hablando en serio y cuándo en broma. Los niños pequeños no siempre notan la diferencia. Cuando sea en serio, hable con sinceridad y diga lo que piensa. Los niños pequeños respetan más las acciones que las palabras. Asegúrese de ser consecuente con lo que le diga. Procure que su tono de voz, sus expresiones faciales y su lenguaje corporal le transmitan a su hijo el mensaje correct.

CAPITULO 5

Causa y Efecto

Uso de las Consecuencias para Cambiar Comportamientos

Los padres eficientes recurren a consecuencias para cambiar los comportamientos de sus hijos. **Las consecuencias se pueden definir como acontecimientos que siguen a un cierto comportamiento y que afectan la posibilidad de que se repita.** Se pueden producir de manera natural o se pueden "aplicar". Un ejemplo de consecuencia natural es cuando uno sufre quemaduras por estar demasiado tiempo al sol. Un ejemplo de consecuencia aplicada es corregir, de alguna forma, a su hijo cuando se porta mal.

Hay dos tipos de consecuencias: positivas y negativas. Las consecuencias positivas, tales como pasar tiempo con su hijo, leer juntos o jugar, tienden a intensificar los comportamientos que las causan. Además, son cosas que los niños quieren y, por lo general, están dispuestos a hacer lo que se espera de ellos para conseguirlas.

Las consecuencias negativas tienden a hacer menos frecuentes los comportamientos que las causan. Ejemplos de consecuencias negativas pueden ser el Tiempo Quieto y la pérdida de privilegios. Por lo general, los niños están dispuestos a hacer lo que se espera de ellos para evitarlas.

Cuando nuestra enseñanza incluye la aplicación de consecuencias, ayudamos a nuestros hijos a que aprendan lo que ocurre como resultado de sus comportamientos.

Uso de Consecuencias

Las consecuencias son más eficaces y significativas para sus hijos cuando cumplen con los siguientes requisitos:

Las consecuencias deben ser importantes para el niño:

Los niños nos enseñan todos los días lo que es importante para ellos. Por ejemplo, si un niño pide que le lean el mismo cuento todos los días, usted sabe que la lectura de ese cuento es importante para él. Entonces, puede usar con eficacia el libro de cuentos como consecuencia. Preste mucha atención a lo que le gusta y no le gusta a su hijo, dado que sus gustos cambian a medida que crece.

Las consecuencias deben ser inmediatas:

Las consecuencias que se producen inmediatamente después de un comportamiento son las más eficaces. Quitar de inmediato un camión de juguete por el que dos hermanos están peleando es una consecuencia más eficaz que amenazarlos con quitárselo y, después, no hacerlo.

Las consecuencias deben tener la dimensión apropiada:

La dimensión de la consecuencia debe corresponder a la dimensión del comportamiento del niño. Una buena regla práctica es comenzar con la consecuencia más leve que usted crea que cambiará el comportamiento. Por ejemplo, si su hijo limpia su cuarto, podría ganarse un bocadillo dulce especial, como un pastelillo. Pero no podrá comer ocho pastelillos por limpiar su cuarto.

> "Los padres que temen ponerse firmes tienen, por lo general, niños que los pasan por encima".
>
> – Proverbio chino

Las consecuencias deben relacionarse con el comportamiento del niño:

Si recurre a este tipo de consecuencias, los niños aprenden que sus comportamientos afectan lo que les sucede en el futuro. Las consecuencias deben estar vinculadas al comportamiento que las causó. Por ejemplo, si dos niños están discutiendo por un juguete, usted puede quitárselo y hacerles saber que, cuando puedan jugar juntos en buenos términos, se lo devolverá.

Las consecuencias deben ser acordes al nivel de desarrollo del niño:

Asegúrese de elegir una consecuencia que su hijo pueda comprender. Por ejemplo, un niño de dos años no comprenderá un tiempo quito demasiado prolongado

Categorías de Consecuencias

Usar las mismas consecuencias una y otra vez con niños pequeños puede, con el tiempo, volverlas ineficaces. Es aconsejable variarlas, pero seguir siendo constante en su uso como respuesta a comportamientos positivos y negativos. A continuación, incluimos algunas de las categorías de consecuencias disponibles para usted como padre o madre. Recuerde recurrir a la consecuencia más leve necesaria para cambiar el comportamiento.

Categorías de Consecuencias Positivas

Actividades: cosas divertidas que a los niños les gusta hacer, como mirar videos, ayudar a hornear galletas, correr bajo el agua del rociador, jugar juegos de mesa, que les lean cuentos, etc.

Pertenencias: los objetos que poseen los niños son muy importantes para ellos. Un juguete especial, una bicicleta o una prenda de vestir podrían convertirse en motivadores para alentar comportamientos positivos.

Comidas o Bocadillos Especiales: las comidas especiales son las "comidas divertidas" que a todos nos gusta saborear entre las comidas principales. Pueden ser frutas, frutos secos, galletas, helado, dulces, vegetales, bocadillos salados, etc. Otra manera de emplear los alimentos como consecuencias es permitir al niño elegir lo que quiere cenar (dentro de lo razonable, ¡por supuesto!), o permitirle participar de la preparación de parte de la comida para la familia, elegir en la tienda el cereal para desayunar la semana siguiente, etc.

Gente y Atención: a los niños les encanta pasar tiempo con la gente que los aprecia. Pasar tiempo a solas con un niño, aunque sea unos minutos, puede marcar una gran diferencia en su comportamiento. Abrácelo, sonríale, dele palmaditas en la espalda y choque los cinco. Los cuadros de méritos y las calcomanías son otro recurso para brindar atención positiva a los niños por su buen comportamiento.

Sin importar cuánto lo digamos, nunca está demás recordar la importancia de prestar atención a los hijos. No es necesario hacer planes o actividades elaboradas para pasar tiempo juntos. Y tampoco es necesario gastar dinero. Conocemos a una mujer que recuerda gratamente haber ido al aeropuerto con su padre a

Los niños pequeños que asisten jornada completa a la guardería con otros niños reciben, en promedio, siete mordidas al año, según la revista Parents.

mirar los aviones despegar y aterrizar. Pueden recostarse, mirar las nubes y tratar de ver qué figuras encuentran. Pueden sentarse en el porche a colorear durante una tarde lluviosa. Pueden visitar una biblioteca pública y leer juntos. Hay estudios que demuestran que los niños llegan a tener, literalmente, cientos de juguetes durante su infancia, pero ninguno significa tanto como pasar tiempo con los padres.

Categorías de Consecuencias Negativas

Rehacer y Practicar: hacer que su hijo repita una acción o una frase de manera apropiada después de haberlo hecho incorrectamente. Por ejemplo, si su hija está corriendo por la casa, hágala que pase caminando otra vez por la habitación que ha atravesado corriendo. Puede llamar a la repetición "práctica" y decir algo como *"Ahora practiquemos cómo caminar correctamente por la casa"*.

Redirigir: guíe físicamente a su hijo con delicadeza o dele una instrucción verbal para cambiar su punto de interés. En otras palabras, el padre o la madre redirige al niño hacia un comportamiento apropiado y lo aleja de uno inapropiado. Si su hija estaba jugando con sus CD, la redirigirá a su caja de juguetes, donde ambos podrán buscar un juguete para jugar.

Enmendar: hacer que su hijo enmiende algún comportamiento incorrecto. Un buen ejemplo es cuando un niño colorea la pared. Hacer que su hijo lo ayude a limpiar la pared es una manera de "enmendar" el mal comportamiento.

Tiempo Quieto apartar al niño de aquello que lo divierte por un período corto de tiempo. Es una herramienta disciplinaria muy eficaz, ya que los niños no pueden participar ni recibir atención o estímulos negativos durante la duración del Tiempo Quieto (para obtener más información acerca del tiempo quiete, consulte el capítulo 10).

Quitar una Pertenencia o Suspender una Actividad: quitar un objeto al niño y ponerlo en Tiempo Quieto durante un período breve, o quitarle la oportunidad de participar en algo que desea hacer. Un ejemplo de lo primero sería quitar a dos niños el juguete por el cual están peleando y ponerlo en tiempo fuera durante varios minutos. Un ejemplo de suspender una actividad sería retirarle a un niño el permiso de ir al parque después de que haberse comportado mal.

Ignorar: otra manera de afrontar los comportamientos negativos es simplemente ignorarlos. Pero emplee esta herramienta sólo si es seguro dejar que el comportamiento continúe hasta que el niño se detenga. Apenas el niño haga algún intento de mejorar su comportamiento, dirija rápidamente la atención hacia el comportamiento positivo con elogios.

Usemos Todo lo que Aprendimos

A continuación, presentamos una fórmula fácil de aplicar para cuando emplee consecuencias con sus hijos.

1. ¿El comportamiento de su hijo fue positivo o negativo?

2. Si fue positivo, el niño tendrá una consecuencia positiva. Por el contrario, si fue negativo, tendrá una consecuencia negativa.
3. Determine cómo vincular el comportamiento y la consecuencia, de modo que el niño pueda aprender de la experiencia. Por ejemplo, si el comportamiento del niño estaba relacionado con no seguir instrucciones, elija una consecuencia que exija obedecer un conjunto de instrucciones. O bien, si estaba relacionado con reñir con su hermana, elija una consecuencia en la que deba trabajar en cooperación con ella.
4. Elija una categoría de consecuencias **positivas** que motive a su hijo. Una actividad divertida, como ayudar a hornear galletas, podría ser una consecuencia positiva para un niño, pero otro podría preferir que le lean un cuento.
5. Elija una categoría de consecuencias **negativas** que sean significativas para su hijo. Quizá quiera recurrir al redireccionamiento para alejar a un niño pequeño de un comportamiento negativo, pero puede elegir el Tiempo Quieto como consecuencia negativa para un niño más grande. Debido a que usted conoce la personalidad del niño, podrá elegir la categoría que más lo motive.

Sugerencias Útiles

Cuando aplique una consecuencia, recuerde lo siguiente:

> Los niños de dos años son incapaces de comprender el concepto de accidente. Sin importar cuánto intente explicárselo, tomará el "ataque" como una afrenta personal.

Sea claro:

Asegúrese de que su hijo conozca cuál es la consecuencia y por qué deberá afrontarla.

Aplique la consecuencia:

Si su hijo hace algo para ganarse una consecuencia positiva, asegúrese de aplicarla. Asimismo, si usted quiere aplicar una consecuencia negativa, no permita que su hijo lo convenza de no hacerlo. Si usted siente más tarde que la consecuencia no era razonable o que la aplicó a causa de su enojo, discúlpese y ajústela de manera acorde.

Use consecuencias variadas:

Si usa la misma consecuencia todo el tiempo, perderá gradualmente la eficacia. Intente usar consecuencias variadas y vincúlelas con el comportamiento que esté intentando reforzar o reducir.

No dé sermones:

Lo bueno, si breve, dos veces bueno. Los niños pequeños tienen períodos de atención cortos: dejarán de escuchar o no comprenderán lo que dice si se extiende demasiado.

> "Es más fácil formar niños fuertes que reparar hombres destrozados".
>
> – Frederick Douglass

Evite las advertencias:

Advertir significa que sólo está amenazando con aplicar consecuencias. Por ejemplo, si les dice a sus hijos *"La próxima vez que discutan, los dos tendrán Tiempo Quieto"*, les está haciendo una advertencia; les está diciendo lo que hará la próxima vez que discutan. Cuando advierte o amenaza con aplicar consecuencias, usted y las consecuencias pierden eficacia. En lugar de advertir, aplique la consecuencia de inmediato. Entonces, sus hijos sabrán que habla en serio.

Cuide su comportamiento cuando aplique la consecuencia:

Sea agradable y entusiasta cuando aplique consecuencias positivas. Actúe con calma y seriedad cuando aplique consecuencias negativas. Los gritos no son eficaces para aplicar consecuencias negativas. Los niños no oirán sus palabras si sólo pueden oír su enojo.

En Resumen

Las consecuencias son la parte de la enseñanza que realmente ayuda a cambiar el comportamiento de los niños. Las consecuencias positivas aumentan la probabilidad de que un comportamiento se repita. Las negativas reducen la probabilidad de que un comportamiento se produzca en el futuro.

Tenga estas ideas presentes cuando elija una consecuencia y se la explique a su hijo: la consecuencia debe ser importante para el niño, se debe aplicar de inmediato, debe tener una dimensión apropiada al comportamiento y debe ser acorde al nivel de desarrollo de su hijo. Una buena regla práctica es comenzar con la consecuencia más leve que usted crea que cambiará el comportamiento. Estas son las claves para aplicar consecuencias eficaces.

Preguntas Frecuentes
acerca de la Aplicación de Consecuencias

P **"¿Qué tipo de consecuencias puedo utilizar con mi hija de dos años? ¿Es demasiado pequeña para ser disciplinada?"**

R No, los niños de dos años no son demasiado pequeños, pero el tipo de disciplina que use dependerá de la edad y la capacidad del niño. Las dos consecuencias que se utilizan con mayor frecuencia con niños de esta edad son brindar atención ante el comportamiento positivo y aplicar el redireccionamiento para el mal comportamiento. A veces, también puede pedirle a su hija que rehaga o enmiende una mala acción, o que repita el comportamiento correcto con mayor frecuencia. No espere resultados inmediatos o muy duraderos apenas comienza a aplicar consecuencias: aprender lleva tiempo. Sea constante, firme y justo. Asegúrese de que su hija vea que el comportamiento positivo tiene como consecuencia una respuesta positiva de su parte.

P **"Cuando mi hijo tiene una rabieta, es difícil aplicarle una consecuencia. ¿Qué debo hacer?"**

R Aplicar una consecuencia a un niño cuando está descontrolado probablemente no sea beneficioso para usted ni para él. Espere a que ambos estén calmados. Luego, podrá enseñarle, y él podrá aprender. Lea los capítulos 9, 11 y 13 sobre Instrucción *Preventiva, Instrucción Correctiva y Enseñanza del Dominio Propio.* La información que se incluye allí está pensada para ayudarlo a afrontar los comportamientos negativos que causan o provocan rabietas.

"Tengo la impresión de que las consecuencias no afectan a mi hija. Parece gustarle hacer cosas malas para llamar mi atención. ¿Cuál es la mejor manera de manejar esta situación?"

Los niños, a veces, buscan cualquier tipo de atención, ya sea positiva o negativa. Si le presta mucha atención a su mal comportamiento y ninguna al bueno, es probable que su hija se comporte mal porque, de esa manera, logra captar su atención. Recuerde elogiar más que corregir. Mantenga al mínimo la atención que dedique al comportamiento negativo y aumente la cantidad de atención que recibe su hija por tener comportamientos positivos. De ese modo, puede aumentar la probabilidad de que repita esos comportamientos positivos.

"A veces, me enojo tanto que le aplico a mi hijo una consecuencia excesiva. Intento mantener la calma, pero ¿qué puedo hacer cuando me ocurre esto?"

Si se enoja demasiado, haga una pausa. Con un minuto o dos será suficiente. Respire profundamente y cálmese. Una vez que se haya calmado, aplique la consecuencia a su hijo. Recuerde tratar de enfrentar el problema mientras sea pequeño y manejable. Además, piense en las consecuencias con anticipación y restrínjase a esas consecuencias, a fin de no aplicar otras no razonables en el "fragor de la batalla".

"Me siento como un pelele porque me cuesta aplicarle consecuencias a mi hijo. ¿Cómo puedo mejorar en la aplicación de consecuencias?"

Planifique por anticipado y decida qué tipo de consecuencia aplicará para ciertos comportamientos malos; luego, sea constante en la aplicación de esa consecuencia. Incluso podría anotarlas y pegarlas en el refrigerador como recordatorio para usted y el niño. Cuando usted sea constante en la aplicación o la asignación de consecuencias para esos comportamientos, podrá trabajar para cambiar otros.

CAPITULO 6

Dígales Por Qué

Cómo Dar Razones que los Niños Comprendan

¿Por qué mis hijos no hacen más a menudo lo que quiero que hagan?

¿Por qué mis hijos no comprenden que su comportamiento afecta a otros?

¿Por qué parece que mi hijo no comprende los beneficios de hacer las cosas bien?

Como padre o madre de un niño pequeño, es probable que se haya hecho estas preguntas y otras similares.

La razón por la cual los niños pequeños hacen lo que hacen es porque son simplemente eso: niños pequeños. Todavía no han desarrollado la capacidad de reflexionar, comprender el concepto de causa y efecto, o aprender rápidamente de errores pasados. Son egocéntricos por naturaleza y socialmente inexpertos. Muchas de las lecciones necesitan de muchas pruebas y errores para ser aprendidas. Esa es la mala noticia.

> El cerebro de un niño de dos años consume un 225 % más de energía metabólica que el de un adulto. Eso significa que un niño procesa información a una velocidad mucho mayor que un adulto.

La buena noticia es que puede hacer algo que ayudará a sus hijos a aprender a tomar buenas decisiones. Mire nuevamente la lista de preguntas. Todas comienzan con las palabras "por qué".

Dar razones es la clave para ayudar a los niños a comprender lo que les estamos enseñando. Los niños pequeños quieren y necesitan saber el porqué. Necesitan comprender por qué ocurren o no las cosas. Necesitan saber cómo afecta su comportamiento a ellos mismos y a otros. Necesitan saber por qué algunas opciones son mejores que otras. Aprender estas relaciones ayuda a los niños a comprender por qué deberían hacer algunas cosas y por qué no deberían hacer otras. Para ayudar a los niños a comprender estos porqués, los padres deben dar razones.

¿Qué Son las Razones?

Las razones son enunciados que muestran a los niños la relación entre su comportamiento y lo que podría ocurrir como resultado de este.

En cierto sentido, las razones cumplen la misma función que las consecuencias. Sin embargo, hay una diferencia entre las razones y las consecuencias. Las consecuencias son cosas que usted hace que sucedan: usted da algo positivo o negativo por lo que ha hecho su hijo. Las razones, por otra parte, son sólo enunciados que explican a los niños lo que podría ocurrir si hacen algo.

Para entender mejor la diferencia entre razones y consecuencias, observe el siguiente ejemplo de lo que un padre o una madre podrían decir a un hijo acerca de compartir un juguete con un compañero de juego:

Aplicar una Consecuencia: *"Gracias por compartir el juguete. Por haber compartido, pueden quedarse afuera y jugar juntos 15 minutos más"*

Dar una Razón: *"Gracias por compartir el juguete. Cuando compartes con otros, hay más probabilidades de que ellos compartan contigo".*

¿Nota la diferencia? Las consecuencias son cosas que damos o permitimos hacer a nuestros hijos, mientras que las razones sólo son palabras que explican posibles resultados.

¿Por Qué Es Bueno Dar Razones?

¿Por qué debemos dedicar todo este tiempo a dar razones? Porque son herramientas que ayudan a que su instrucción sea más eficaz.

Se han hecho estudios que muestran que los niños aprecian que sus padres les den razones. Las razones pueden ayudar a sus hijos a recordar lo que les ha enseñado y a aumentar la probabilidad de que realmente hagan lo que usted espera de ellos. Además, hay estudios que demuestran que los padres que dan razones a sus hijos tienden a ser más eficientes.

Incluso los niños muy pequeños pueden entender las razones. Los investigadores afirman que dar razones puede ser eficaz hasta con niños de tan sólo tres años; así que úselas con regularidad. Son herramientas de enseñanza poderosas e importantes.

Tipos de Razones

Hay muchos tipos de razones diferentes que puede usar con sus hijos. Los tipos más comunes son las razones que muestran beneficios, las que muestran posibles resultados negativos y las que enseñan a preocuparse por los demás.

Para que las razones sean eficaces con niños pequeños, debe dar *razones que sean importantes* para ellos, a las cuales llamamos "razones para niños".

Las razones para niños les muestran a sus hijos cómo su comportamiento y sus decisiones pueden afectarlos a *ellos* en el futuro. Tenga esto en cuenta mientras analizamos los siguientes tipos de razones:

Beneficios: las razones que muestran "beneficios" permiten que los niños conozcan las cosas buenas que podrían ocurrirles cuando tienen un comportamiento positivo. Aquí incluimos algunos ejemplos de razones que muestran beneficios:

Cuando compartes con otros, hay más probabilidades de que ellos compartan contigo".

"Hacer las cosas en seguida te permite volver a jugar antes".

"Cuando dices la verdad, hay más probabilidades de que te crea en el futuro".

"Al guardar tus juguetes, te será más fácil encontrarlos".

"Si te calmas rápido, tu Tiempo Quieto terminará antes".

Las razones que muestran beneficios son el tipo de razón más eficaz para usar con niños pequeños. Esto se debe a que viven en un mundo donde impera el "yo", y lo primero que consideran en la mayoría de las situaciones es cómo se verán afectados ellos. Este tipo de razones motivan a los niños pequeños a hacer lo que deben hacer.

> Los niños de cuatro años hacen, en promedio, 400 preguntas por día. [1]

Resultados Negativos: las razones también se pueden usar para mostrar a los niños de qué modo algunos comportamientos que tienen hacen su vida más difícil. Dar razones de "resultados negativos" con anticipación puede estimular a los niños a evitar comportamientos problemáticos.

Aquí incluimos algunos ejemplos de razones que muestran resultados negativos:

"Puede que el perro te muerda si eres brusco con él".

"Podrías caerte y lastimarte si juegas en la escalera".

"Si no guardas los juguetes, se pueden perder o romper".

"Quizá los demás no quieran jugar contigo si los insultas".

"Si discutes cuando te digo que es hora de acostarse, quizá no me den ganas de leerte un cuento".

No use razones que muestran resultados negativos para amenazar o asustar a los niños con el fin de que hagan lo que usted desea. Por el contrario, úselas para ayudarlos a aprender que tener comportamientos inapropiados probablemente empeore las cosas, en lugar de mejorarlas.

Tenga en cuenta que si se apoya en este tipo de razones todo el tiempo, los niños comenzarán a verlo como un gruñón y pronto dejarán de prestarle atención.

Preocupación por los Demás: si bien los niños pequeños son muy egocéntricos, eso no quiere decir necesariamente que queramos que sigan siéndolo. Los niños deben aprender que sus acciones y decisiones no sólo los afectan a ellos, sino también a otras personas.

Aprender esto los ayuda a comprender algunos conceptos, tales como la bondad, el interés y la preocupación por los demás, la disposición a ayudar, la pena, la empatía, y la justicia. Estas cualidades ayudan a los niños a llevarse bien con los demás. Las razones que muestran preocupación por los demás pueden ser útiles para que los niños comprendan de qué modo su comportamiento afecta a las personas que los rodean.

Los siguientes son ejemplos de razones que pueden ayudar a los niños a aprender a mostrar preocupación por los demás:

"Insultar a otras personas puede hacerlas sentir tristes".

"Si guardas los zapatos, para mí es más fácil aspirar el piso".

"Decir 'gracias' hace sentir bien a la gente por haberte ayudado".

"Cuando golpeas a alguien, puedes lastimarlo y hacerlo llorar".

"Cuando dejas que otra niña participe, la haces sentir especial y le permites divertirse".

Las razones que muestran preocupación por los demás son herramientas maravillosas para comenzar a enseñar a los niños que deben considerar a los demás cuando toman decisiones.

Cuándo Usar Razones

Hasta ahora, ha aprendido qué son las razones y por qué es importante usarlas con los niños pequeños. Ahora, veamos cuándo podemos usarlas. Normalmente, se dan razones a los niños en tres tipos de situaciones: para enseñar, para dar instrucciones y para decir *"no."*

Para Enseñar: criar a un niño pequeño requiere de mucha enseñanza y muchas explicaciones. A menudo, nuestros hijos tienen dificultades para comprender lo que esperamos de ellos y por qué. Las razones se pueden usar para ayudarlos a saber por qué deberían o no deberían tener ciertos comportamientos.

Por ejemplo, cuando un niño hace algo bien, el padre o la madre podrían usar una razón para niños con el fin de que comprenda por qué ese comportamiento fue algo bueno. En el próximo capítulo, le enseñaremos a combinar elogios con razones cada vez que sus hijos hagan las cosas bien. A esto lo llamamos *Elogios Eficaces.*

También puede usar una razón para niños con el fin de ayudar a su hijo a comprender por qué algunos comportamientos no son apropiados. En el capítulo 11, aprenderá a usar una destreza llamada *Instrucción Correctiva* para responder a los comportamientos problemáticos de sus hijos. Las razones para niños funcionan muy bien cuando les enseñamos a corregir comportamientos problemáticos.

> "Es un padre sabio el que conoce a su propio hijo".
>
> –William Shakespeare

Otro momento para dar razones es al enseñarles lo que usted espera que hagan en situaciones futuras. Hacer que los niños sepan lo que usted espera y por qué lo espera aumenta la probabilidad de que lo hagan. En el capítulo 9, aprenderá más acerca de cómo hacer esto aplicando una destreza de crianza denominada *Instrucción Preventiva.*

Para Dar Instrucciones: no es nada fuera de lo común que los niños pequeños se nieguen o se resistan cuando se les pide algo. Esto puede ocurrir cuando se les pide que recojan sus juguetes, que vengan a comer, que vayan a acostarse, que compartan, que no hagan ruido cuando alguien está hablando por teléfono o que cumplan un Tiempo Quieto de inmediato. Los niños no nacen sabiendo por qué es importante que hagan ciertas tareas. Si nota que comienzan a repetirse las situaciones en las que sus hijos cuestionan sus instrucciones o simplemente no hacen lo que les pide, es aconsejable que comience a usar algunas razones para niños (en especial, aquellas que muestran beneficios) para ayudarlos a comprender.

Para Decir *"No"*: una de las situaciones más difíciles para un niño pequeño es oír la palabra *"no"*. Como adultos, entendemos que hay momentos en los cuales no es apropiado comer dulces, salir a jugar o quedarse despierto hasta tarde. Sin embargo, a los niños les cuesta entender que no siempre pueden tener o hacer lo que quieren y cuando quieren. Hacerles saber por qué les decimos *"no"* puede ayudarlos a comprender mejor la situación y hacerles más fácil aceptar nuestras decisiones. Por supuesto que, cuando son pequeños, no hay garantías de que estas situaciones se desarrollen siempre sin inconvenientes. Aun así, lo alentamos a que intente usar razones para niños cuando les diga *"no"* a sus hijos y vea qué ocurre. Con el tiempo, puede que comience a ver buenos resultados.

Aunque estos tres tipos de situaciones son perfectas para usar razones para niños, recuerde que puede usarlas siempre que su hijo necesite comprender por qué algo debería o no debería suceder.

Sugerencias Útiles

A continuación, incluimos algunas reflexiones finales acerca de dar razones a sus hijos:

Use razones para niños:

Hay muchos tipos de razones que se pueden usar con los niños. Las razones pueden mostrar lo que es importante para los padres, los maestros, los compañeros de juego y otras personas. Sin embargo, las que parecen funcionar mejor con niños pequeños son aquellas que son importantes para ellos. Así que, siempre que sea posible, use razones que muestren a sus hijos cómo los afecta su comportamiento.

Use razones con frecuencia:

Sabemos que puede ser necesario dedicar mucho tiempo a enseñar y practicar antes de que los niños pequeños aprendan lo que queremos que sepan. Esto es válido en el caso de aprender a atarse los cordones, abotonarse la camisa, subir la cremallera de una chaqueta y muchas otras cosas. También es válido para las razones. Es posible que sea necesario dar una razón varias veces en situaciones similares antes de que su hijo comience a comprenderla. Con el tiempo, sin embargo, su perseverancia y paciencia ayudarán a sus hijos a aprender cómo afecta su comportamiento a lo que les ocurre a ellos.

Sea breve:

Como ya hemos mencionado, el período de atención de los niños pequeños puede ser muy corto; por lo tanto, las razones que les dé deben ser igual de cortas.

Sea realista:

Aunque los niños sean pequeños, aprenden rápido qué es probable que suceda y qué no. Asegúrese de dar razones que apunten a resultados realistas con respecto a su comportamiento. Por ejemplo, cuando un niño le hace muecas a alguien, advertirle que la cara podría quedarle así probablemente no sea una razón tan buena como explicarle que los demás estarían más dispuestos a jugar con él si no les hiciera muecas. También es necesario que las razones muestren resultados que ocurrirán en un futuro cercano. Por ejemplo, decirle a una niña que recoger sus juguetes es una señal de responsabilidad y que la ayudará algún día a conseguir un buen empleo probablemente no sea una razón tan buena como decirle que será más fácil encontrar sus juguetes la próxima vez.

Un niño de entre 24 y 44 libras necesita cinco vasos de agua por día.

Concéntrese en lo positivo:

Si bien es cierto que el mal comportamiento puede causar situaciones desagradables, no es muy recomendable motivar a los niños a través del miedo a que ocurran cosas malas. Por el contrario, es mejor motivarlos a través de las cosas positivas que pueden resultar de hacer las cosas bien. Así que limite la frecuencia con la que usa razones, tales como *"Te lastimarás"* o *"Te meterás en problemas"*, y recurra a razones que muestren cómo sus hijos, y otras personas, se pueden beneficiar por hacer algo bien. Usc razoncs, como *"Si guardas tus juguetes, podrás encontrarlos la próxima vez que quieras jugar"* o *"Si compartes, los demás querrán compartir contigo"*.

En Resumen

Las razones son herramientas maravillosas para usar con los niños, incluso, con los pequeños. Les enseñan cómo funciona el mundo al mostrarles lo que es probable que ocurra como resultado de su comportamiento. Es importante que los niños aprendan estas lecciones.

Si bien los niños comprenden mejor las razones a medida que crecen, hay pruebas que sostienen que las razones son eficaces con niños de apenas tres años. Por lo tanto, habitúese a dar razones cuando les enseña. Tanto usted como sus hijos se beneficiarán.

[1] Thompson, C.E. (1992). **101 Wacky facts about kids.** New York: Scholastic, Inc., Parachute Press.

Preguntas Frecuentes
acerca de Dar Razones

P **"¿Cuál es la diferencia entre las razones para niños y dar opciones?"**

R Las razones para niños son enunciados positivos que usan los padres para describir lo que puede o no puede ocurrir en el futuro como resultado de un comportamiento. Un ejemplo podría ser decirle a su hijo que recoger sus juguetes cuando usted se lo pide le dará más tiempo para jugar después. Las opciones son decisiones que usted le permite tomar a los niños con el fin de que se vuelvan más responsables e independientes. Un ejemplo podría ser que su hijo elija qué conjunto de ropa usar. Por lo general, hacer que los niños pequeños escojan entre dos opciones es suficiente. Demasiadas opciones pueden causar confusión y dar lugar a luchas de poder al momento de hacer que su hijo siga una rutina establecida.

P **"Mi hija siempre me exige que le dé la razón por la cual tiene que hacer lo que le pido. ¿Es necesario darle una razón para hacer todo?"**

R No. Pero recuerde que, debido a su desarrollo, es normal que los niños pequeños pregunten el porqué. Dar razones ayuda a que sus hijos entiendan la relación entre el comportamiento positivo y los resultados positivos, y el comportamiento negativo y los resultados negativos. Asegúrese de que sus razones se enfoquen más en los resultados positivos. Esta es una buena herramienta para los padres porque a los niños los motivan más las cosas positivas que puedan ocurrir que las amenazas o exigencias negativas. Es más probable que los niños mantengan un comportamiento cuando saben de qué manera los beneficiará.

"Cuando le digo a mi hijo por qué hacemos o no hacemos algo, sigue haciendo preguntas al respecto. ¿Cuántas razones es suficiente darle?"

Dele a su hijo una razón para niños breve y específica. Si continúa preguntando, hay varias cosas que puede hacer. Pídale, en ocasiones, repetir la razón que le dio para comprobar si la comprende. Si la repite, puede decir *"Buen trabajo. Entendiste muy bien lo que dije".* Si no comprende, enuncie la razón de otra manera para que la comprenda. Si siente que sólo está intentando llamar su atención, recurra al redireccionamiento para dirigir su atención a otra cosa..

"¿Puedo usar razones para niños cada vez que mi hijo se porta mal?"

Si lo hace, deben ser breves y específicas. Recuerde que las razones sólo son una parte de la enseñanza y que no cambian los comportamientos de los niños por sí solas: también tiene que aplicar consecuencias. Las razones deben ser positivas e importantes para el niño. No dé razones cuando sienta enojo, dado que, a menudo, se convierten en amenazas.

"¿En qué se diferencia una razón de una consecuencia?"

Una razón es algo que puede o no suceder en el futuro, mientras que una consecuencia es algo que se gana y que ocurre como resultado de un cierto comportamiento.

"¿A qué edad debería comenzar a darle razones? ¿A qué edad puedo empezar a ayudar a mi hijo a que piense sus propias razones?"

Comience a darle razones tan pronto como pueda. De esa manera, es más probable que sus hijos comiencen a comprenderlas antes; además, es bueno que los padres desarrollen ese hábito. Es posible que sus hijos no comprendan todas las razones, pero comenzarán a entender la relación entre los comportamientos y las consecuencias que les siguen.

CAPITULO 7

¡Así se Hace!

Elogiar con Eficacia y Frecuencia

Hemos destacado la importancia de ser buenos maestros para nuestros hijos. Hay muchas herramientas de enseñanza importantes que puede usar para ayudarlos a aprender las destrezas que necesitan para desenvolverse en la vida. Ya hemos hablado de algunas de ellas: comprender cómo se desarrollan los niños, reconfortarlos, comunicarse con claridad, usar la imagen y la palabra, seleccionar consecuencias apropiadas y dar razones.

Agreguemos a este conjunto de destrezas otra herramienta esencial: el elogio. El elogio es uno de los métodos de enseñanza más poderosos que se pueden usar. Es como una brújula: un instrumento que nos permite conocer qué rumbo llevamos. Se usa para mantenernos en la dirección correcta. El elogio funciona más o menos igual. Permite a los niños saber que van en la dirección correcta. El uso habitual del elogio facilita a los niños mantener el rumbo correcto y los hace recuperarlo cuando parecen perdidos.

Si el elogio es tan poderoso, ¿por qué los padres no lo usan tan a menudo como deberían? Hay varias razones, y una de ellas es que está en la naturaleza humana concentrarse en lo que sale mal, en lugar de poner el foco en lo que sale bien. Cuando se derrama un vaso de leche en el piso de la cocina, tenemos que limpiarlo; en cambio, cuando un niño bebe y no derrama nada no se requiere tanta atención de nuestra parte.

> "Los niños siempre se dirigen hacia a la luz".
>
> – David Hare

Otra razón por la que, quizás, no usamos el elogio es porque no reconocemos los comportamientos apropiados y esperados como algo especial. Ya les dijimos a nuestros hijos cuáles son los comportamientos que nos gustan, ¿por qué deberíamos continuar diciéndoselos?

Más allá de por qué los padres no elogian a sus hijos con suficiente frecuencia, usar elogios puede hacer la vida más sencilla. Cuando mostramos nuestra aprobación con respecto a lo que están haciendo nuestros hijos, aumenta la probabilidad de que continúen haciendo más de las cosas que queremos que hagan y menos de las que no queremos. En este capítulo, hablaremos de algunas de las maneras en que podemos usar los elogios para ayudar a nuestros hijos a tener éxito y hacernos las cosas más fáciles como padres.

Poseemos una destreza de crianza breve, simple y eficaz para elogiar a los niños. Esta destreza se llama *Elogios*

Eficaces. **Usar *Elogios Eficaces* implica responder a sus hijos con sinceridad y entusiasmo por sus comportamientos positivos.**

Los *Elogios Eficaces* constan de tres pasos. Ellos son:

1. **mostrar aprobación;**
2. **indicar el comportamiento positivo mediante la imagen y la palabra; y**
3. **dar una recompensa.**

(Estos pasos se explicarán en detalle en este capítulo).

Sorprender a sus hijos actuando bien y elogiar su comportamiento es una de las maneras más fáciles y eficaces de estimularlos a comportarse bien en el futuro. Veamos cuáles son los mejores momentos para usar los *Elogios Eficaces.*

Cuándo Usar los Elogios Eficaces

Los padres ya saben cuán inquietos pueden ser los niños pequeños. Sí, puede ser un placer tenerlos cerca, pero también pueden poner a prueba nuestra paciencia. Su curiosidad natural y sus altos niveles de energía tienen la capacidad de hacer que ciertos días se vuelvan muy estresantes. Otros días puede parecer que lo único que hacemos es pasar de un problema a otro. Las cosas buenas que hacen nuestros niños pueden pasar inadvertidas con facilidad. Cuando esto sucede, tenemos que hacer un esfuerzo mayor para reconocer el buen comportamiento. Por lo general, hay tres tipos de situaciones en las que puede usar los *Elogios Eficaces.*

Cuando los niños continúan haciendo cosas que ya hacen bien:

Todos los niños hacen algunas cosas bien, aunque haya días en los cuales nos parezca que estos éxitos son pocos e infrecuentes. Sin embargo, si realmente busca buenos comportamientos, los encontrará fácilmente. En Boys Town, alentamos a los padres a observar a sus niños y "sorprenderlos actuando bien". En otras palabras, elogie las acciones positivas que sus hijos hagan por propia voluntad. Estos éxitos incluyen cualquier comportamiento de su hijo que a usted le gustaría que repitiera con mayor frecuencia en el futuro.

Los éxitos pueden ser grandes logros de sus hijos, entre ellos alcanzar ciertos indicadores de desarrollo: por ejemplo, abotonarse la ropa, atarse los cordones, andar en triciclo o usar la bacinica. Pero también pueden ser comportamientos cotidianos, como venir cuando los llaman, decir *"por favor"* y *"gracias"*, o compartir con un compañero de juegos. Recuerde que algunos niños harán más de las cosas que a usted le gustan si simplemente les dice qué es lo que a usted le gusta.

Cuando los niños muestran mejoras en comportamientos problemáticos:

Los niños pequeños aprenden y crecen todo el tiempo. Pasan de sentarse a ponerse de pie y a caminar en un período relativamente corto. Aunque notamos estos indicadores, es fácil perderse los pasos intermedios. Lo mismo puede decirse de otras áreas, mientras los niños aprenden otros comportamientos, tales como aceptar un *"no"* como respuesta, recoger sus juguetes o ir a la cama sin tener una rabieta. Debemos recordar que se necesita tiempo para que la mayoría de las expectativas que tenemos para nuestros hijos se haga realidad. Sin embargo, cada paso que dan en la dirección correcta es igualmente un paso correcto. Los *Elogios Eficaces* se pueden usar, incluso, para los pequeños pasos positivos, de modo que puedan servir como ladrillos para el paso siguiente..

Cuando los niños hacen intentos positivos de usar una nueva destreza:

En general, los niños pequeños no hacen las cosas correctamente en el primer intento. Mucho de lo que esperamos que hagan es nuevo o tiene cierta dificultad para ellos. No sólo lleva tiempo que los niños incorporen destrezas en algunas áreas, sino que también puede haber numerosos errores, olvidos y frustraciones a lo largo del camino.

Sin embargo, es importante darse cuenta de que es un éxito cada vez que nuestros hijos intentan hacer algo bien, sea cual sea el resultado. Se parece mucho a enseñar a un niño a batear una pelota de béisbol: hay que enseñar cómo agarrar el bate, la forma de pararse y el ritmo apropiado. El niño hará muchos intentos y fallará muchas veces antes de poder batear la pelota. A menudo, los niños no necesitan que los alentemos cuando hacen contacto: golpear la pelota es emocionante y motivador en sí mismo. Es igual de valioso ofrecer aliento y apoyo cada vez que el niño haga un intento y falle.

Elogiar a los niños por cosas que intentan aprender también les brinda la motivación que necesitan para seguir intentándolo cuando los desafíos son difíciles y no es fácil conseguir el éxito. Observe con atención estas situaciones en casa, como cuando su hijo intenta alimentar al perro, pero se le cae comida al piso, o cuando intenta abotonarse la camisa, pero pasa por alto un botón. Querer aprender e intentar tener comportamientos positivos siempre es bueno, aunque, a veces, las cosas se ensucien o se desordenen.

Estudios recientes demuestran que la cantidad de palabras que manejan los niños depende de cuánto les hablan sus madres.

¿Qué cosas hace su hijo que usted podría elogiar? Tómese unos minutos para pensar en algunas cosas que su hijo ya haga bien, destrezas en las que haya hecho progresos e intentos que haya hecho de aprender cosas nuevas. Puede ser útil hacer una lista y pegarla en el refrigerador. A los niños les gusta ver su progreso. Además, es un buen recordatorio para usted ver las cosas positivas que hace su hijo.

Pasos de los Elogios Eficaces

Como mencionamos anteriormente, los Elogios Eficaces son una manera breve y eficaz de responder de manera positiva a lo que su hijo hace bien y estimularlo a que le vaya bien en el futuro. Veamos los pasos de esta destreza:

1. Mostrar aprobación:

Mostrar aprobación significa mostrar inmediatamente a sus hijos que a usted le gusta lo que hicieron o intentaron hacer. Para hacerlo, se pueden usar palabras como *"Fabuloso" "Súper" "Maravilloso"* o *"¡Muy bien!"*. La aprobación también se puede manifestar con acciones. Por ejemplo, con sonrisas, con besos y chocando los cinco. El objetivo es mostrar a sus hijos con sinceridad que aprueba lo que han hecho, a fin de estimularlos a tener ese comportamiento con mayor frecuencia en el futuro.

2. Indicar el comportamiento positivo mediante la imagen y la palabra:

Para que sus elogios sean más eficaces, es importante mostrarles de forma visual y oral lo que hicieron bien. Aunque quizá suponga que sus hijos deberían saber lo que a usted le gusta o lo que hicieron bien, no es tan simple. Los niños pequeños, a menudo, no son conscientes de lo que hacen. De hecho, con frecuencia hacen algo positivo sin saberlo, casi por accidente. Nunca dé por hecho que sus hijos saben qué comportamientos usted quiere que tengan. Tiene que asegurarse de que lo sepan. Al mostrar a los niños de forma visual y oral lo que hicieron bien, habrá más probabilidades de que repitan esos comportamientos en el futuro. Ejemplos de este paso serían decir: *"¡Viniste rápido cuando papá te llamó!"* o *"¡Anduviste en triciclo sin ayuda!"*.

3. Dar una recompensa:

La mayoría de las veces, sus elogios y su atención serán suficientes para estimular a sus hijos a que continúen teniendo ciertos comportamientos. Sin embargo, puede haber algunos comportamientos positivos que les sean especialmente difíciles de dominar o que sean muy infrecuentes.

Para estos comportamientos, que podrían incluir dominar el uso de la bacinica o aprender a andar en triciclo, puede ser necesario agregar un poco de entusiasmo a sus elogios. Una manera fácil de hacerlo es recompensar a su hijo con una consecuencia positiva.

Las consecuencias positivas son cosas que a su hijo le gustan y que refuerzan el comportamiento que usted desea que tenga. Pueden ser desde sonrisas, palmaditas y abrazos hasta cosas más tangibles, como pasar tiempo especial con el padre o la madre, privilegios y cosas materiales. Para refrescar la memoria acerca de cómo usar las consecuencias con eficacia, vuelva a leer el capítulo 5. Sin embargo, tenga presente que la mayoría de las veces y para la mayoría de los comportamientos, sus elogios y su aprobación serán suficientes.

Las consecuencias positivas son cosas que a su hijo le gustan y que refuerzan el comportamiento que usted desea que tenga. Pueden ser desde sonrisas, palmaditas y abrazos hasta cosas más tangibles, como pasar tiempo especial con el padre o la madre, privilegios y cosas materiales. Para refrescar la memoria acerca de cómo usar las consecuencias con eficacia, vuelva a leer el capítulo 5. Sin embargo, tenga presente que la mayoría de las

Ejemplo 1

1. Mostrar aprobación. • Use palabras elogiosas. • Sonría, abrace y toque al niño	*"¡Fabuloso! ¡Buen trabajo!".*
2. Indicar el comportamiento positivo mediante la imagen y la palabra: • Describa claramente lo que su hijo hizo bien. • Si es necesario, muestre de forma visual lo que su hijo hizo bien.	*"¡Recogiste tus juguetes enseguida! Ahora tenemos tiempo de hacer algo divertido".*
3. Dar una recompensa: • Dé su aprobación, una recompensa tangible o privilegios.	*"Leamos tu cuento favorito".*

Ejemplo 2

1. Mostrar aprobación:	*"No te preocupes por haber derramado un poco de jugo. ¡Estoy orgulloso de que lo hayas intentado!".*
2. Indicar el comportamiento positivo mediante la imagen y la palabra:	*"Estás aprendiendo a servirte tu propio vaso de jugo".*
3. Dar una recompensa:	*"Ya casi haces las cosas como una niña grande. Toma este repasador y limpia el jugo derramado; luego, te ayudaré a terminar de servirlo".*

Ejemplo 3

1. Mostrar aprobación:	*"¡Eso estuvo mucho mejor!".*
2. Indicar el comportamiento positivo mediante la imagen y la palabra:	*"Mira, te abotonaste los tres primeros botones".*
3. Dar una recompensa:	*"Cada vez logras abotonar más" (dele un abrazo).*

veces y para la mayoría de los comportamientos, sus elogios y su aprobación serán suficientes.

Cómo Usar los Elogios Eficaces

Los Elogios Eficaces no sólo pueden ser beneficiosos para usted y su hijo, sino que también son fáciles y rápidos. Lea los siguientes ejemplos y vea lo fácil que puede ser usarlos:

Al leer estos ejemplos, podrá ver que los *Elogios Eficaces* son una herramienta sencilla para responder cuando sus hijos hacen algo con éxito, muestran avances o intentan hacer las cosas bien. En el futuro, intente usar a menudo los *Elogios Eficaces* con su hijo. Observe su reacción y sea consciente de cómo mejora usted en el reconocimiento de comportamientos para elogiar.

Antes de cerrar este capítulo, incluimos algunas sugerencias para tener en cuenta acerca de cómo hacer más eficaces los elogios.

Sugerencias Útiles

Aquí presentamos algunas sugerencias para usar, de la mejor manera posible, los *Elogios Eficaces*..

Sea sincero y entusiasta:

Usted quiere realmente celebrar los éxitos, los avances y los intentos positivos de sus hijos. Si ellos ven que usted está entusiasmado por su buen comportamiento, es posible que también se entusiasmen por hacer las cosas bien.

Mediante su aprobación, les está mostrando que hacer las cosas bien es mucho más apasionante que ser desobediente. Esto no significa que usted deba literalmente saltar de alegría cada vez que sus hijos hagan las cosas bien. Lo que sí significa es que sus hijos deberían darse cuenta fácilmente de que usted está contento y de que sus elogios son reales y sinceros. Haga que su aprobación se note.

Sea breve y específico:

Sabemos que los niños pequeños tienen períodos de atención muy breves. Lo grandioso de los *Elogios Eficaces* es que no requieren de mucho tiempo. Una buena regla práctica es que los elogios no deben llevar más tiempo que el comportamiento que está elogiando. Además, cuando elogie a sus hijos, recuerde mostrarles claramente de forma visual y oral lo que hicieron bien. Cuando los niños saben lo que hicieron bien, les es más fácil repetir ese comportamiento en el futuro.

Concéntrese en lo positivo:

Una de los objetivos los *Elogios Eficaces* es aumentar la frecuencia de los comportamientos positivos. Para que esto ocurra, asegúrese de elogiar lo que los niños hacen bien, en lugar de elogiarlos por no hacer travesuras. Por ejemplo, en lugar de decir *"Gracias por no discutir y quejarte"*, debería decir *"Gracias por decir 'de acuerdo' y recoger tus juguetes enseguida*". Elogie los comportamientos relacionados con *"hacer las cosas bien"*, en lugar de la ausencia del "mal" comportamiento.

Elogie más y corrija menos:

Dado que los niños pequeños están aprendiendo y explorando el mundo, sin dudas, ofrecerán muchas oportunidades para que los padres respondan a comportamientos problemáticos. Si bien debe resolver estas situaciones, no es recomendable corregir constantemente a sus hijos. Queremos disfrutar de nuestros hijos y que ellos disfruten de estar cerca de nosotros.

"Las palabras amables pueden ser cortas y fáciles de decir, pero sus ecos son infinitos".

– Madre Teresa

Para evitar sentir que sólo pasa de un problema a otro, esté atento a las cosas buenas que sucedan en medio de situaciones difíciles. Por ejemplo, corregir a un niño por pegarle a un hermano puede ser una oportunidad de elogiar comportamientos, tales como dejar de golpear, venir cuando lo llaman, mirarlo y escucharlo mientras usted le habla, aceptar una consecuencia y disculparse.

Además, inmediatamente después de la corrección, pueden surgir oportunidades para elogiar ciertos comportamientos, tales como compartir y llevarse bien con los demás. Si bien debe corregir los comportamientos problemáticos, elogiar con frecuencia permite a sus hijos saber que hay más probabilidades de escuchar cosas buenas que malas cuando están cerca de usted.

> "Nada sirve tanto para mejorar la atención de un niño que unas palabras amables".

Dé razones:

Aunque no es uno de los pasos de los *Elogios Eficaces*, dar razones a los niños también puede formar parte de elogiarlos. Las razones para niños pueden ayudar a sus hijos a comprender por qué es bueno tener cierto comportamiento y pueden estimularlos a repetirlo con mayor frecuencia en el futuro.

En Resumen

Algunos padres nos dicen que elogian a sus hijos, pero que eso no parece cambiar en nada su comportamiento. Por lo general, notamos que estos padres elogian sólo los logros sobresalientes o las ocasiones memorables. Se están perdiendo muchas oportunidades cotidianas de dirigir la atención hacia los comportamientos positivos, las pequeñas cosas que los niños hacen todo el tiempo. Una vez que los padres comienzan a observar a sus hijos atentamente en busca de pequeños avances y a elogiarlos, notan muchos cambios positivos en su comportamiento. Además, sienten que se llevan mejor con sus hijos. Esto no es mera coincidencia. Elogiar funciona.

Otros padres nos han preguntado: "*¿Por qué debería elogiar a mis hijos por algo que se supone que deben hacer?*". Buena pregunta. Les respondemos con estas preguntas: *"¿Le gusta que le reconozcan las cosas que hace bien, más allá de que se supone que deba hacerlas? ¿Le gusta que su jefe le diga lo bien que está haciendo su trabajo?"*. La mayoría de los padres responden *"Por supuesto"*. Y luego agregan: *"Y no me molestaría oírlo un poco más a menudo".* Con eso basta. A todos nos gusta que nos digan las cosas que hacemos bien.

Además, hemos conocido muchos padres que nos cuentan que elogian a sus hijos con frecuencia, pero que no parece importarles mucho. ¡El problema es que estos padres tienden a elogiar a sus hijos por todo! Sus elogios no están sujetos a un comportamiento positivo por parte de sus hijos. Es igual a darles helado cada vez que se dan vuelta. Tarde o temprano, sin importar cuánto les guste el helado, perderá su atractivo. Los elogios también pierden su efecto si se realizan sin vincularlos a un comportamiento específico.

Los *Elogios Eficaces* son frecuentes y, a la vez, están vinculados a un comportamiento positivo. ¡Por eso es que funcionan! Los padres deben elogiar y estimular a sus hijos por cosas muy específicas que hayan hecho. Esta atención a comportamientos específicos aumenta la probabilidad de que los mismos comportamientos se repitan.

Sus hijos le dan motivos para estar contento. Todos los niños hacen algo que merece un elogio. Asegúrese de reconocerlo y, principalmente, decírselo.

Un Comentario Final: en entrevistas con algunas de las miles de personas que han realizado nuestro programa de crianza, muchos nos han contado que los Elogios Eficaces han tenido un efecto duradero en sus familias. Los padres se dan cuenta de que se vuelven más positivos con respecto a sus hijos. Los niños, por su parte, tienen una actitud más positiva hacia sus padres. Usando los Elogios Eficaces, todos ganan.

Preguntas Frecuentes
acerca de los Elogios Eficaces

"¿Se supone que debo darle algo a mi hija cada vez que hace algo bien?"

No necesariamente. Tanto los elogios como las consecuencias positivas se pueden usar con frecuencia al comienzo para que haga más seguido cosas que no hace habitualmente. Después, para cosas que su hija haga con regularidad, una palabra de aliento, el contacto físico positivo, una sonrisa, un guiño o el contacto visual pueden ser suficientes.

"¿Elogiar no es como sobornar?"

No. Hemos aprendido lo importante que es recompensar el buen comportamiento para que se repita. Los elogios *se ganan* por el buen comportamiento. No es un soborno, sino una manera de mostrar aprecio y aprobación a sus hijos por un comportamiento positivo que tuvieron. Los sobornos se dan, en realidad, después de un mal comportamiento con la esperanza de que el niño deje de comportarse mal o tenga un buen comportamiento. Un ejemplo sería: *"Si dejas de llorar, te compraré una barra de dulce".* Los sobornos no dan buenos resultados porque sólo fomentan la repetición del comportamiento negativo.

"¿Por qué debería elogiar a mi hijo por algo que ya hace bien?"

Los niños necesitan saber que usted aprecia las cosas que hacen bien. Su hijo verá sus elogios como personales si corresponden a cosas que ya hace bien y no sólo a cosas que usted quiere que mejore. Cuando su hijo domine un cierto comportamiento, usted puede elegir no decir nada (limitarse levantar el pulgar, asentir con la cabeza o sonreír para reconocer que lo ha hecho bien). No dé por sentados los comportamientos positivos. Si lo hace, terminará dirigiendo su atención a todo lo negativo que haga su hijo.

"Mi hija finalmente está empezando a terminar toda la comida que le sirvo. ¿Durante cuánto tiempo tendré que elogiarla por ese logro"

Como dijimos en la respuesta anterior, elógiela hasta que el comportamiento se convierta en una rutina o un hábito. Puede elogiar menos mediante la palabra y, en cambio, estimularla o darle una palmadita en la espalda cuando comience a hacerlo con mayor frecuencia. Pero no lo ignore por completo.

P **"No creo que mi hijo haga más cosas buenas que malas. ¿Cómo hago para elogiarlo más de lo que lo corrijo?"**

R La primera clave es no esperar que suceda algo sobresaliente para elogiarlo. Observe con atención las pequeñas cosas que hace bien. Dele oportunidades para actuar con éxito y luego elógielo por esos logros. Intente pasar más tiempo con su hijo haciendo cosas divertidas y observe con atención para detectar comportamientos positivos. Es un buen hábito para que adopten los padres.

P **"Todo el tiempo le hago notar a mi hija cuando hace algo bien, pero eso no parece cambiar nada. ¿Qué debo hacer"**

R Tenga paciencia. A veces, los elogios son como el agua a una piedra: con el tiempo, el flujo persistente del agua cambia la forma de la piedra. Puede que necesite un poco de tiempo para responder. Quizá, ser más entusiasta y mostrar más afecto con una sonrisa, un abrazo o una palmada en la espalda pueda comunicar mejor sus sentimientos. Dele, de vez en cuando, una pequeña recompensa si todavía no lo está haciendo. Si le da recompensas y cree que no están dando resultado, lea el capítulo sobre consecuencias para verificar si está siguiendo las pautas allí descritas.

CAPITULO 8

Paso a Paso

Enseñanza de Destrezas Sociales a los Niños

Los niños necesitan que les enseñen muchas cosas, desde comer, vestirse y atarse los cordones hasta compartir, respetar reglas de seguridad y hacer lo que le piden. Tenemos tanto que enseñarles que, a veces, es difícil saber por dónde comenzar.

En este capítulo y el siguiente, analizaremos dos elementos importantes de la enseñanza que usted imparte como padre o madre. Este capítulo estará dedicado a *qué* enseñar a los niños. En el próximo capítulo, conoceremos la *Instrucción Preventiva* o cómo enseñar a los niños.

¿Qué Debo Enseñar?

Para la mayoría de los padres, es fácil identificar las cosas que *no queremos* que hagan nuestros hijos. Gritar, discutir, golpear, quejarse y mentir son apenas algunos de los comportamientos que vienen a la mente. En cambio, no pensamos muy a menudo en las cosas que *queremos* que hagan nuestros hijos.

Sabemos que limitarnos a decirles lo que *no deben* hacer no funciona. Si lo hiciera, ¡no tendríamos que seguir diciéndolo! Si realmente queremos que nuestros hijos tengan éxito, debemos ser capaces de enseñarles claramente las cosas que queremos que hagan.

Destrezas Sociales

Hay muchas cosas que los padres deben enseñar a sus hijos a hacer por sí mismos, como hacer quehaceres, seguir rutinas, cuidarse, etc. Pese a esto, una de las áreas que más se pasa por alto es enseñar a los niños a interactuar con los demás.

¡Una de las partes más importantes de la vida! Después de todo, los niños (y los adultos) pasan más tiempo en situaciones sociales que atándose los cordones, vistiéndose o guardando juguetes. Dado que es tan importante que los niños sepan cómo hacer esto bien, las destrezas sociales son una necesidad.

Las destrezas sociales son conjuntos de comportamientos que permiten a nuestros niños relacionarse con los demás de forma eficaz y agradable, tanto en el hogar como fuera de casa. A veces, nos referimos a ellas como destrezas "civilizadoras". Algunos ejemplos de destrezas sociales son *seguir instrucciones, escuchar a los demás, pedir permiso, esperar el turno, aceptar un "no" como respuesta y compartir.*

Para identificar qué destrezas le gustaría que aprendan sus niños, tome una hoja de papel y escriba dos destrezas que desee que su hijo ponga en práctica con mayor constancia, como hacer lo que usted le pida o no discutir cuando la respuesta es "no". Recuerde elegir destrezas que su hijo sea capaz de aprender y poner en práctica, y que se adecuen a su edad y nivel de desarrollo.

> "Por lo general, los padres afortunados por la clase de hijos que tienen, tienen hijos afortunados por la clase de padres que tienen".

Además, escriba dos destrezas *nuevas* que su hijo necesite aprender, como esperar su turno o decir que lo siente.

A continuación, seleccione una de las destrezas que ha identificado y hágase esta pregunta: *"Si le pido a mi hijo que ponga en práctica esta destreza, ¿qué quiero que diga y haga?"*.

Para Comenzar

Dado que cada destreza social es un conjunto de comportamientos, enseñar destrezas es un proceso gradual. Comienza con mostrar de forma visual y oral uno o dos comportamientos de la destreza que desea que aprenda su hijo. En el caso de niños muy pequeños, el primer paso puede ser simplemente que su hijo lo mire a usted cuando le habla. A medida que ese comportamiento mejore, puede agregar otro paso, como hacer que diga *"de acuerdo"* o asienta con la cabeza cuando le da instrucciones. Cuando la capacidad de su hijo de mostrar estos dos comportamientos juntos mejore, podrá agregar más pasos. Con el tiempo, su hijo aprenderá todos los pasos que constituyen la destreza que quiere enseñarle. A continuación, incluimos algunos comportamientos que forman parte de muchas destrezas sociales (en el cuadro de la derecha figuran algunas destrezas sociales comunes que los padres pueden enseñar a niños pequeños que sean capaces de cumplir con estos comportamientos de forma individual).

- Mirar a la persona.
- Dccir *"De acuerdo"*.
- Hacer lo que se le pide.
- Revisar lo que hizo.
- Sentarse o quedarse de pie en silencio.
- Buscar algo silencioso para hacer.
- Decir *"Gracias"*.
- Decir *"Por favor"* o *"¿Puedo...?"*.
- Pedir lo que desee.
- Decir *"Lo siento"*.
- Decir lo que hizo mal.
- Pedir una sola vez y esperar.

Cómo Continuar

Los niños pequeños aprenden mejor cuando las lecciones son breves, sistemáticas y se repiten a menudo. La enseñanza

Destrezas Sociales

Seguir Instrucciones

Mirar a la persona.

Decir *"de acuerdo."*

Hacer lo que se le pide.

Revisar lo que hizo.

Pedir Permiso

Mirar a la persona.

Decir *"Por favor"* o *"¿Puedo...?"*

Pedir lo que desee.

Decir *"Gracias."*

Aceptar un "No" como Respuesta

Mirar a la persona.

Decir *"De acuerdo."*

Sentarse o quedarse de pie en silencio.

Llamar la Atención de Alguien

Mirar a la persona.

Sentarse o quedarse de pie en silencio.

Pedir una sola vez y esperar.

Decir *"Gracias."*

Esperar el Turno

Sentarse o quedarse de pie en silencio.

Buscar algo silencioso para hacer.

Decir *"Gracias"* cuando se termina su turno.

Pedir Ayuda

Mirar a la persona.

Decir *"Por favor."*

Pedir ayuda

Decir *"Gracias"* al recibirla.

Escuchar a los Demás

Mirar a la persona.

Sentarse o quedarse de pie en silencio.

Decir *"De acuerdo"*.

Decir que lo Siente

Mirar a la persona.

Decir *"Lo siento."*

Decir lo que hizo mal.

también es más clara cuando se concentra en uno o dos temas. Por lo tanto, será beneficioso para usted y sus hijos si comienza con sólo una o dos destrezas sociales. Una manera de enseñar estos comportamientos y destrezas es usar la *Instrucción Preventiva*, la cual trataremos en el próximo capítulo.

Otras maneras de enseñar destrezas sociales a sus hijos son las siguientes:

- **Usar los *Elogios Eficaces* cada vez** que su hijo ponga en práctica una destreza social o muestre avances en su uso.
- **Actúe como modelo para mostrar destrezas sociales a sus hijos.** This can be done anytime you are with them or when you interact with others as your children are watching.
- **Haga que aprender sea divertido.** Por ejemplo, use la imagen y la palabra para describir a su hijo cómo escuchar con atención cuando usted está hablando. Luego use el juego "Luz roja, luz verde" (también conocido como "El semáforo") para que practique escuchar. El juego funciona así: dígale a su hijo que puede caminar hacia usted sólo cuando usted diga "Luz verde". Si usted dice *"Luz roja"*, su hijo debe dejar de caminar. Mientras su hijo esté de pie de frente a usted, diga de forma alternada *"Luz verde"* y *"Luz roja"*. Estos juegos ayudan a los niños a seguir instrucciones y escuchar con atención. Diga muchos elogios durante el juego. Su hijo aprenderá que escucharlo con atención no es algo que debe hacer sólo cuando lo está corrigiendo.

Puede usar otros juegos para enseñarle otros comportamientos, como "¿Puedo mamá?" para pedir permiso. También puede usar otras técnicas de motivación, por ejemplo, poner calcomanías en cuadros de méritos para motivar a los niños pequeños a aprender nuevos comportamientos (consulte la sección de cuadros al final de este capítulo para obtener más información).

Sugerencias Útiles

> En los Estados Unidos, hay más de 30.000 partos múltiples al año.

Sea breve:

No nos cansaremos de repetirlo. Los niños pequeños tienen períodos de atención cortos. Para que aprendan una lección, esta tiene que ser simple y breve.

Sea constante:

Los niños pequeños pocas veces aprenden algo nuevo la primera vez que se les enseña. Con las destrezas sociales ocurre lo mismo. Es posible que tenga que enseñar la misma destreza muchas veces hasta que su hijo sea capaz de ponerla en práctica. Enseñar una destreza social con frecuencia y hacerlo siempre de la misma manera puede ayudar.

Dé el ejemplo:

Los niños pequeños, a menudo, aprenden y recuerdan mediante la observación de lo que hacen usted y los demás.

Para mostrarle cómo poner en práctica la destreza que le está enseñando, úsela en la vida cotidiana. Aproveche el deseo del niño de ser como usted.

Practique:

Los niños pequeños también aprenden bien mediante la acción. Deles oportunidades de intentar decir y practicar cada paso de la destreza social que les esté enseñando (en el próximo capítulo, adquirirá más información sobre cómo hacer que la práctica sea eficaz y divertida para los niños).

Cómo Usar Cuadros de Méritos para Motivar a su Hijo

Los cuadros de méritos pueden ser un excelente recurso para motivar a los niños a aprender nuevos comportamientos. A muchos padres les gusta idear cuadros creativos para sus hijos. Algunos de los diseños más creativos son de los mismos niños. A los más pequeños, en particular, les encanta tomar los crayones y hacer cuadros coloridos. Esta es una manera positiva de hacer que su hijo participe en el proceso y le proporciona a usted más oportunidades de elogiar.

Los cuadros de méritos que encontrará al final de este capítulo están dirigidos a enseñar ciertos comportamientos, pero puede adaptarlos para otros comportamientos o crear los suyos propios. Las recompensas incluidas en cada cuadro son sugerencias; quizá prefiera usar otras que motiven más a su hijo. Consulte el capítulo 5 para obtener más información acerca de las consecuencias positivas que ayudan a motivar a su hijo.

En Resumen

Son muchas las responsabilidades de enseñanza que recaen en los hombros de los padres. Depende de usted asegurarse de que sus hijos sepan cómo llevarse bien con los demás, mostrar respeto y que les vaya bien en la escuela, por nombrar algunas de las áreas en las que los niños necesitan ayuda.

La tarea de preparar a nuestros hijos para que tengan éxito (tanto ahora como en el resto de su vida) puede parecer abrumadora. Sin embargo, tal como ocurre con la mayoría de las tareas difíciles, se puede dividir en partes más pequeñas y manejables. Por supuesto que somos responsables de enseñar a nuestros hijos todo lo que necesitan saber. Pero combinar la idea de enseñar destrezas sociales con las destrezas de crianza que aprenda con este libro (por ejemplo, Elogios Eficaces, Instrucción Preventiva e Instrucción Correctiva) le facilitará la tarea.

Estamos seguros de que, a medida que su hijo y usted comiencen a tener éxito, sentirá que enseñarle destrezas sociales le dará esperanza en su futuro y satisfacción por ser el primer maestro y el más importante. Recuerde que impartir enseñanza a nuestros hijos no es sólo una responsabilidad, sino una oportunidad maravillosa.

La Hora de Dormir

Los días de semana nos acostamos a las 8:30 p. m.

LUNES	MARTES	MIÉRCOLES

JUEVES	VIERNES

Cada noche que voy directo a la cama y me quedo allí, me gano una calcomanía para poner en el cuadro de méritos. A la mañana, puedo usar mi calcomanía para que me den un bocadillo especial en el desayuno. Si reuní, al menos, cuatro calcomanías al final de la semana, puedo quedarme levantado hasta las 9 p. m con mis padres los fines de semana.

Bloques de Construcción para Comportarse Mejor

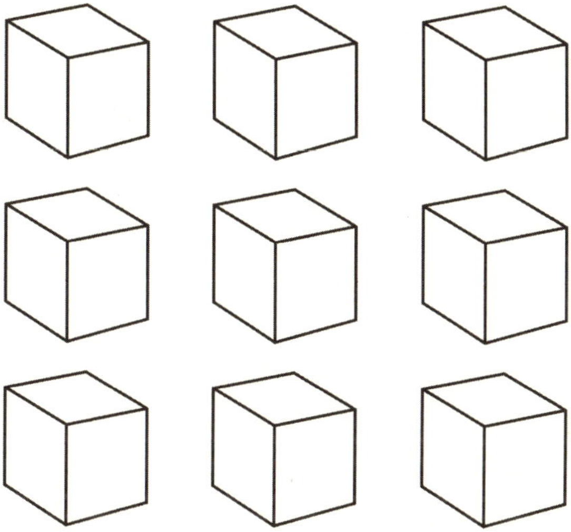

Cada vez que mi mamá me ve jugando con mi hermana sin pelearnos, puedo colorear un bloque. Cuando llego a los tres bloques coloreados, me gano una recompensa.

Comportamiento por la mañana: : jugar con mi hermana sin pelearnos.
Recompensa: mamá me lee un libro

Comportamiento por la tarde: jugar con mi hermana sin pelearnos.
Recompensa: puedo mirar un video.
Comportamiento por la noche: jugar con mi hermana sin pelearnos .

Recompensa: puedo jugar a la pelota con mi papá.

Premios de las Pelotas de Playa

Each day that I pick up my toys, I get to color a beach ball. Each day that I color a ball, I get to play a game with Mom or Dad for fifteen minutes.

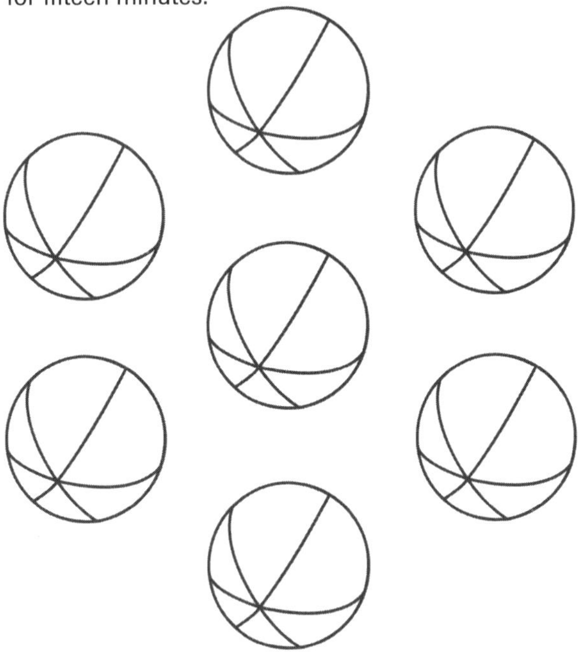

Premios al final de la semana

Cinco pelotas coloreadas: paso tiempo especial con mamá o papá.

Seis pelotas coloreadas: vienen amigos a jugar a casa el sábado.

Siete pelotas coloreadas: elijo una comida especial para la cena del domingo.

Mis Estrellas de la Mañana

	Vestirme 	Hacer la cama 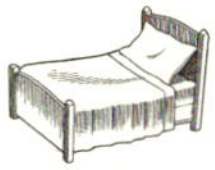	Desayunar 	Cepillarme los dientes 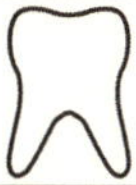	Estar listo para salir a horario 
Lunes					
Martes					
Miércoles					
Jueves					
Viernes					
Sábado					
Domingo					

Tres estrellas = un bocadillo especial, jugar afuera diez minutos más o usar un vaso especial en la cena.

Cuatro estrellas o más = me voy a dormir quince minutos más tarde, llamo por teléfono a la abuela o al abuelo, o juego con mamá o papá.

Calendario de la Bacinica

	 Manaña	 Tarde	 Noche
Domingo			
Sabado			
Viernes			
Jueves			
Miércoles			
Martes			
Lunes			

Puedo ganar tres caras felices por día por usar la bacinica.

Una cara feliz = me llevan a caballito a la cama

Dos caras felices = me llevan a caballito y a andar en bicicleta

Tres caras felices = juego a lo que elija, me llevan a caballito y a andar en bicicleta.

CAPITULO 9

Mejor Prevenir

Enseñar Antes de que Ocurran los Problemas

Ya hemos dicho con anterioridad en este libro que enseñar es una de las responsabilidades más grandes que tenemos como padres. Sin nuestras enseñanzas, nuestros hijos no adquirirían las destrezas que necesitan para convertirse en adultos exitosos y responsables. En este capítulo, analizaremos los métodos útiles para prevenir problemas y convertirnos en maestros más proactivos.

Piense en todas las lecciones que enseñamos a nuestros hijos, desde cómo usar una cuchara hasta cómo ser buenos amigos. Casi todo lo que aprenden los niños, lo aprenden de sus padres. Esto incluye las destrezas sociales, académicas, espirituales, para ser independientes y para tener una vida saludable, las cuales preparan el camino para tener una vida exitosa. Aquí incluimos algunos ejemplos de cada destreza. Some examples of each are listed here:

Destrezas sociales:	mantener la calma, llevarse bien con los demás, hacer amistades, compartir, escuchar, decir *"por favor"* y *"gracias"*, jugar, etc.
Destrezas académicas:	leer, deletrear, contar, organizar, hacer preguntas, pedir ayuda, etc.
Destrezas espirituales:	rezar, sentarse en silencio durante el servicio religioso, ayudar a otros, etc.
Destrezas para ser independientes:	juntar la ropa para lavar, ayudar en la casa, limpiar, destrezas de seguridad, etc.
Destrezas para tener una vida sana:	cepillarse los dientes, lavarse las manos, hygiene skills, etc.

La instrucción de estas destrezas es una oportunidad maravillosa de moldear la vida de sus hijos para que sean felices y exitosas. En este capítulo, usted aprenderá una destreza de crianza que se puede emplear para enseñarles a sus hijos algunas de las lecciones de vida fundamentales que necesitan aprender. Esta destreza se llama Instrucción Preventiva. ***La Instrucción Preventiva*** **consiste en enseñar a sus hijos lo que deben hacer en una situación futura y practicarla por anticipado.**

La *Instrucción Preventiva* consta de tres pasos. Ellos son:

1. **Indicar el comportamiento positivo mediante la imagen y la palabra:**
2. **Practicar.**
3. **Mostrar aprobación.**

(Estos pasos se explicarán en detalle en este capítulo).

> "En términos automovilísticos, el niño proporciona la potencia, pero los padres tienen que encargarse de la dirección".
>
> – Benjamin Spock

La Instrucción Preventiva se puede aplicar para enseñar casi todo, incluso, las destrezas mencionadas anteriormente. La clave es usar la instrucción en el momento adecuado para que sea más eficaz.

Cuándo Usar la Instrucción Preventiva

Muchos padres pasan la mayor parte del tiempo reaccionando ante los comportamientos de sus hijos y, a menudo, centran su atención sólo en las cosas negativas que hacen. Nosotros lo alentamos a que sea proactivo en la enseñanza, mediante la anticipación de lo que su hijo debe decir o hacer ante una situación que podría dar lugar a un comportamiento negativo, pero antes de que la situación se presente.

Teniendo esto en cuenta, la *Instrucción Preventiva* apunta a prevenir comportamientos negativos y a enseñar a los niños comportamientos nuevos o alternativos antes de que necesiten recurrir a ellos. Es una herramienta que nos ayuda a preparar a nuestros hijos para el éxito, a enseñarles a tomar buenas decisiones y a evitar que se produzcan problemas.

> "Nada de lo que se hace por los hijos se desperdicia".
>
> – Garrison Keillor

Recuerde usar la *Instrucción Preventiva* cuando los niños estén prestando atención, no se sientan cansados o malhumorados, y no los estén corrigiendo por un mal comportamiento. Identifique las destrezas que sus hijos necesitan aprender y, luego, aplique la Instrucción Preventiva para enseñarles a dominarlas.

En general, hay dos tipos de situaciones en las cuales esta herramienta es más útil: **antes de situaciones nuevas y antes de situaciones en las cuales su hijo ha tenido dificultades anteriormente.**

Antes de situaciones nuevas: su hijo se enfrentará pronto a una nueva situación en la cual podría no saber qué hacer. Quizá sea ir a una nueva guardería o un nuevo jardín de infancia, tener una nueva niñera, aprender nuevas rutinas o tareas domésticas, conocer nuevos amigos, ir a lugares nuevos, etc. Como estas situaciones no les son familiares, muchos niños no saben qué se espera de ellos ni qué es lo correcto. En lugar de dejar que se arreglen por su cuenta, puede usar la Instrucción Preventiva para enseñarles a manejar la situación con éxito.

Por ejemplo, si su hija de cinco años va a ir a la fiesta de cumpleaños de una amiga, en la cual va a haber niños que no conoce, puede hacer que practique decir "hola" o cómo presentarse. Use enunciados breves, claros y específicos. Podría decir: *"Cuando no conoces a alguien, puedes caminar hacia donde está y decirle 'Hola, me llamo Marisol'. Luego, le preguntas el nombre si no te lo dijo antes. ¿De acuerdo? ¿Por qué no haces de cuenta que soy una niña que no conoces y me dices tu nombre?* (La hija lo hace con buen resultado). *¡Grandioso! Practicaste muy bien".* Luego, puede darle un abrazo por haber tenido una práctica tan buena.

Como siempre, elija para enseñar destrezas y comportamientos acordes a la edad y al nivel de desarrollo del niño. Si bien con un niño de cinco años podría trabajar en una destreza más compleja, como saludar a alguien, en el caso de un niño más pequeño, sería más apropiado elegir destrezas más simples, como decir "por favor".

Antes de situaciones en las cuales su hijo ha tenido dificultades anteriormente: sus hijos tienen pocos recuerdos y experiencias de vida limitadas. Por ello, puede resultarles difícil aprender de errores del pasado. Pueden habituarse fácilmente a cometer los mismos errores una y otra vez. A menos que aprendan una manera diferente de manejar estas situaciones, es probable que continúen repitiendo estos malos comportamientos. La *Instrucción Preventiva* puede ayudar a cambiar esta tendencia.

Por ejemplo, si a los niños les cuesta aceptar un *"no"* como respuesta, se puede recurrir a la Instrucción Preventiva antes de la próxima vez que pidan algo. Si a los niños les cuesta prepararse a la mañana, se puede usar la *Instrucción Preventiva* para ayudarlos a adquirir una nueva rutina matinal. En el caso de niños que tengan dificultades para jugar con otros, se puede aplicar la *Instrucción Preventiva* antes de que vayan al jardín de infancia o salgan a jugar.

Esta herramienta también permite a los padres impartir una instrucción más intencionada. Les ofrece un método sistemático para enseñar a sus hijos rutinas, expectativas y nuevas destrezas, además de cómo tomar buenas decisiones. Cada vez que usa la *Instrucción Preventiva*, aumenta la probabilidad de que su hijo tenga éxito. Veamos detalladamente los pasos de la *Instrucción Preventiva.*

Pasos de la Instrucción Preventiva

Como dijimos anteriormente, la **Instrucción Preventiva consta de tres pasos: indicar el comportamiento positivo mediante *la imagen y la palabra*, practicar y mostrar aprobación**. Ya hemos hablado de la imagen y la palabra (en el capítulo 4) y de la aprobación (en el capítulo 7 que explica los *Elogios Eficaces*), así que, en este capítulo, sólo estamos agregando un paso nuevo (la **práctica**).

Así es como funcionan estos tres pasos:

1. Indicar el comportamiento positivo mediante la imagen y la palabra.

En la *Instrucción Preventiva, la imagen y la palabra* se usa para hacer saber, con claridad, a los niños lo que usted quiere que hagan. Se puede usar para enseñar nuevas destrezas, nuevas rutinas, destrezas sociales o cualquier cosa que desee que aprendan sus hijos. Sólo recuerde ser breve y específico. Cuanto más clara sea la enseñanza, más fácil será para sus hijos aprender y hacer lo que les enseñe. Es posible que, las primeras veces que enseñe algo nuevo o difícil a su hijo, deba mostrárselo o ayudarlo.

Ejemplo: *"Esmerelda, cuando quieras más fruta, sólo di 'Más fruta, por favor"*

2. Practicar.

Piense en algo en lo que usted sea hábil. Puede ser su empleo, una tarea de crianza, conducir un auto, un deporte o pasatiempo, tocar un instrumento musical, etc. ¿Recuerda cuándo comenzó a realizar esa actividad o tarea? Los más probable es que no haya mostrado mucha habilidad las primeras veces. En realidad, es posible que haya necesitado semanas o meses para dominar esa actividad o tarea. Pero, cuanto más practicaba, mayor era su habilidad y su confianza. Ahora, probablemente realice esa actividad o tarea casi sin pensarlo. Es muy probable que así sea si tuvo a una persona con conocimientos y habilidad suficientes que lo haya ayudado a practicar. Queremos que nuestros hijos obtengan los mismos beneficios de la práctica.

Muchas de las cosas que quiere que sus hijos dominen con habilidad son nuevas o difíciles para ellos. Desde la perspectiva de un niño, mantener la calma, aceptar respuestas negativas, seguir instrucciones, hacer la cama, venir cuando lo llaman, limpiar su habitación y compartir con otros son tareas difíciles. Sin embargo, con un poco de práctica, su apoyo y aliento, su hijo puede comenzar a mostrar avances en estas áreas.

Hacer que los niños pequeños practiquen e intenten cosas nuevas es, por lo general, fácil. A menudo, están deseosos de complacer a sus padres y, casi siempre, tienen buena voluntad para aprender cosas nuevas. La práctica es aún más fácil cuando se la hace divertida; para que sea así, se puede recurrir a simular, jugar o usar situaciones reales. Veamos cada uno de estos recursos:

- **Simular:** a los niños pequeños les encanta "fingir". La simulación puede ser una manera sencilla de hacer que intenten algo nuevo. Simular que el teléfono está sonando para que el niño practique atenderlo, que sus dedos son velas que su hijo puede soplar para ayudarlo a calmarse, que es alguien que su hijo no conoce para que aprenda a no acercarse a los desconocidos o que es hora de ir a dormir para practicar una nueva rutina para la hora de acostarse; todas son maneras de practicar con su hijo.

Los expertos recomiendan que los niños de entre dos y tres años duerman de diez a doce horas durante la noche y una o dos horas durante el día.

- **Jugar:** a los niños pequeños casi siempre los entusiasma jugar. Los padres pueden usar juegos para que los niños practiquen nuevas destrezas mientras se divierten. Como ejemplos, podemos citar "¿Puedo mamá?" para practicar pedir permiso, "Simón dice" para practicar seguir instrucciones, hacer una carrera contra el reloj para ver quién se prepara más rápido para ir a dormir o el "Juego de las sillas" para practicar cómo aceptar con calma perder o decepcionarse.

- **Usar Situaciones Reales:** usar situaciones reales es una manera maravillosa de hacer que los niños practiquen. Esto implica enseñar antes de que ocurra la situación real o ayudar al niño durante una situación real. Por ejemplo, en lugar de limitarse a decir a sus hijos cómo limpiar sus habitaciones, podría trabajar con ellos para mostrarles dónde poner las cosas. Otro ejemplo podría ser enseñar a su hijo a seguir instrucciones justo antes de pedirle que haga algo.

3. Mostrar aprobación:

Significa mostrar a sus hijos que los aprecia y que también aprecia sus esfuerzos por aprender. Como dijimos anteriormente, la aprobación se puede mostrar mediante sonrisas, guiños, caricias, abrazos o palabras positivas. Es importante hacer saber a sus hijos que han practicado bien y alentarlos a hacer, en la realidad, lo que les ha enseñado. Enseñar a los niños a ser exitosos debe ser una experiencia positiva tanto para los padres como para los hijos. Muestre su aprobación para que su hijo espere deseoso que le enseñe más cosas en el futuro.

Ejemplo: *"¡Así se hace! ¡Dijiste 'por favor' cuando pediste más fruta! ¡Papá está muy orgulloso de ti!"*

Ahora que ha leído todos los pasos de la *Instrucción Preventiva*, quizás esté pensando: *"Suena muy bien, pero ¿cuándo voy a tener tiempo de usarlo?"*. La respuesta es que la Instrucción Preventiva, en realidad, no requiere de tanto tiempo. Lea el siguiente ejemplo en el que se enseña la destreza de seguir instrucciones y vea lo rápido que puede hacerse

1. **Indicar el comportamiento positivo mediante la imagen y la palabra:**
- Sea breve y específico.
- Diga al niño lo que debe hacer.
- Póngase a la altura de su hijo.

"Maria, cuando mamá o papá te piden que hagas algo, quiero que digas 'de acuerdo' y lo hagas enseguida. De esa manera, ya queda hecho y puedes volver a jugar".

2. **Practicar.**
- Haga que practicar sea divertido.
- Use situaciones simuladas, juegos o situaciones reales.
- Sea breve.

"Hagamos de cuenta que te pedí que guardaras los zapatos. Di 'de acuerdo' y muéstrame qué tan rápido puedes hacerlo. Preparada... lista... ¡ya!" (la nina obedece la instrucción del padre o la madre).

3. **Mostrar aprobación.**
- Use palabras elogiosas y alentadoras.
- Incluya sonrisas, caricias, abrazos, etc.

"Maria, ¡eso estuvo fantástico! Guardaste los zapatos muy rápido y, además, recordaste decir 'de acuerdo'. (El padrc o la madrc lc dan un abrazo). *Después practicaremos un poco más".*

La *Instrucción Preventiva* realmente ofrece un método rápido y sistemático de enseñar a los niños a tener éxito o hacer cambios positivos en áreas que han causado problemas en el pasado. Una vez que sus hijos aprendan las lecciones que les está enseñando, pasará menos tiempo lidiando con problemas de comportamiento. Use esta herramienta con frecuencia para enseñar muchos comportamientos y destrezas diferentes. Puede ser un método muy poderoso y eficaz para ayudar a sus hijos a tener éxito en muchas situaciones diferentes.

Enseñar a los Niños a Conservar la Calma

De todas las destrezas que puede enseñar a sus hijos mediante la *Instrucción Preventiva*, conservar la calma podría ser la más importante. A los niños pequeños les cuesta manejar sus emociones o comprender las emociones de otras personas. Todavía no han aprendido a identificar los sentimientos ni a hablar de ellos y, a menudo, carecen de la experiencia necesaria para tomar buenas decisiones. Es especialmente difícil para los niños pequeños mantener la calma cuando están frustrados o enojados. Cuando surgen estas emociones, pueden reaccionar de diferentes maneras. Pueden volverse muy agresivos e hirientes, pasivos y silenciosos, o tristes y llorosos. Estos tipos de comportamientos crean situaciones que pueden ser desagradables y frustrantes tanto para los hijos como para los padres.

Al momento de lidiar con rabietas, actos desafiantes u otros comportamientos fuera de control, la prevención es el mejor método. Los niños que tienen muchas oportunidades de aprender a controlar sus emociones porque lo practican cuando están tranquilos tienen mayores probabilidades de saber qué hacer cuando se alteran.

Es difícil enseñar algo cuando los niños están molestos o malhumorados. Por esa razón, los padres deben aplicar con constancia la Instrucción Preventiva cuando sus hijos están tranquilos y dispuestos a escuchar y aprender. Enseñar y practicar métodos para calmarse durante estos momentos "neutros" permite a los padres preparar a sus hijos para situaciones en las cuales las emociones se pueden salir de control. Entonces, cuando se produce una situación de mucha emoción, los padres pueden modelar el comportamiento que quieren que sus hijos tengan y recordarles cómo practicaron conservar la calma.

Algunos métodos eficaces para calmarse son simples indicaciones de contar hasta cinco o diez, o practicar respirar profundo. Estas también son buenas técnicas para los padres. Otro método útil es tener un lugar al cual el niño vaya cuando se molesta. El padre sólo le dice al niño que vaya al "lugar para calmarse" (asegúrese de que sea un lugar donde pueda supervisarlo). O el niño puede ir a buscar su juguete, almohada o manta favoritos. A menudo, estos objetos ayudan a calmarlo y le dan el consuelo de

> "Los niños tienen mayor necesidad de modelos que de críticos".
>
> – Carolyn Coats

tener algo que asocia con pensamientos agradables. Estas son técnicas que pueden practicar los padres y los niños.

Algunos padres con quienes hemos trabajado han creado, incluso, un "kit para calmarse". Ponen objetos comunes en una caja o bol, y hacen que sus hijos practiquen tomar alguno de esos objetos para calmarse. Los objetos varían desde viejos juguetes para bebés o sonajeros hasta una pelota de felpa, fotografías familiares o imágenes recortadas de una revista.

Elaborar un plan para ayudar a los niños a conservar la calma tiene muchos otros beneficios para ellos. Al trabajar junto con sus padres, desarrollan sus destrezas intelectuales, dado que se les ocurren ideas para calmarse. Durante la práctica, mejoran sus destrezas emocionales mediante la simulación de situaciones que los ayudan a entender sus emociones y las de los demás.

Recuerde que sus hijos no pueden aprender ni usar estas estrategias por sí mismos. Depende de usted servirles de modelo, enseñarles y practicar con ellos de manera anticipada y ayudarlos a usar estos métodos para calmarse cuando estén molestos.

Sugerencias Útiles

Estas son algunas sugerencias para tener presentes cuando use la *Instrucción Preventiva.*

Enseñe en un momento neutro:

No puede enseñarles mucho a sus hijos, a menos que presten atención a lo que usted diga o haga. Su enseñanza tampoco será muy eficaz si está distraído con otros asuntos. *La Instrucción Preventiv*a funciona mejor cuando se usa en un momento neutro, en el que no hay perturbaciones, cuando los padres y los hijos están tranquilos y no están ocupados ni distraídos.

Enseñe antes de que se produzcan los problemas:

Es probable que no sea muy eficaz usar la *Instrucción Preventiva* cuando ya está ocurriendo el problema. Los niños que tienen más oportunidades de aprender destrezas mediante la práctica frecuente tendrán más posibilidadcs dc sabcr qué haccr cn varios tipos dc situaciones. Use la Instrucción Preventiva a fin de preparar a sus hijos para alcanzar el éxito y, quizá, en el futuro, tenga que lidiar con menos problemas de comportamiento.

Enseñe lo positivo:

Enseñe a los niños lo que deben hacer. Aplique los pasos de la *Instrucción Preventiva* (mostrar el comportamiento positivo mediante *la imagen y la palabra*, practicar y mostrar aprobación) para enseñarles comportamientos que desee que tengan.

Sea breve:

Recuerde que cuanto más hable, menos lo escucharán sus hijos. Enséñeles, practique y estimúlelos con oraciones breves. Por ejemplo: *"Para calmarte, respira profundo. Ahora siéntate. Luego pide ayuda"*.

Enseñe con frecuencia:

Por lo general, los niños pequeños no aprenden con un solo ensayo. Muchas destrezas y tareas, incluso algunas sencillas, son difíciles al comienzo para ellos. Puede llevarle tiempo a su hijo desarrollar una destreza en cierta área. Tenga paciencia y dele el tiempo que necesite. En algunos casos, que dependerán del niño y de sus destrezas, es posible que deba usar la *Instrucción Preventiva* varios días seguidos para que el avance sea perceptible. Emplear juegos, libros, indicaciones verbales, calcomanías y otros pequeños recordatorios pueden ser buenos recursos para mantener el interés de su hijo pequeño en trabajar en la destreza que quiere que aprenda con el tiempo. Recuerde ser paciente y perseverante.

Dé razones.

A menudo, hay mayores probabilidades de que los niños intenten cosas nuevas cuando comprenden por qué deberían hacerlo. Usar "razones para niños" mientras aplica la Instrucción Preventiva puede ayudar a sus hijos a comprender cómo los beneficia hacer lo que les está enseñando. Por ejemplo, ¿qué buenas razones hay para que los niños pequeños aprendan a calmarse que les muestren algún beneficio? Una podría ser: *"Cuando te calmas, estoy más dispuesto a escucharte"*. Otra razón podría ser: *"Cuanto antes hagas silencio y te calmes, más rápido podrás volver a hacer las cosas divertidas que te gustan"*.

Practique:

Ya hemos analizado por qué es importante hacer que los niños practiquen las nuevas destrezas. Sin embargo, no nos cansaremos de repetirlo. Es más probable que los niños recuerden lo que han hecho en la realidad que aquello que sólo les han dicho que hagan. Por ejemplo, cuando en la escuela les enseñan a los niños pequeños qué hacer en caso de incendio, no sólo les dicen qué hacer, sino que también hacen simulacros. Necesitan saber cómo se sienten al atravesar distintas experiencias y seguir cada paso de las destrezas hasta sentirse cómodos con ellas. La práctica permite a los niños usar todas sus destrezas de desarrollo para aprender y recordar lo que les ha enseñado.

En Resumen

A menudo, los padres nos dicen que se cansan de corregir a sus hijos. *"Parezco un disco rayado", dicen. "Da la impresión de que siempre estoy diciendo 'No hagas esto'* o *'Deja de hacer eso'. ¿Y saben qué? Creo que mis hijos ya ni me escuchan".*

Usar la Instrucción Preventiva puede ser útil para deshacerse de ese disco rayado. Cuando usa esta herramienta, ayuda a sus hijos a saber qué hacer en situaciones nuevas y los prepara para situaciones que les resultaron difíciles en el pasado. En pocas palabras, está ayudando a sus hijos a tener éxito y evitando la frustración de tener que hacer correcciones que, a veces, son ignoradas o no tienen eficacia.

La *Instrucción Preventiva* tiene otro beneficio importante: permite que usted y sus hijos pasen tiempo juntos. Tomarse tiempo para estar con sus hijos y mostrarles que le importan mediante la enseñanza ayuda a mejorar las relaciones, lo cual beneficia a toda la familia.

Preguntas Frecuentes
acerca de la Instrucción Preventiva

P **"Mi hijo de cinco años piensa que practicar es un juego. ¿Está bien que piense que estamos jugando?"**

R A veces, practicar puede ser una parte divertida de la *Instrucción Preventiva* y parecerse a jugar. Los niños aprenden muchas lecciones durante el juego. Si la destreza que está enseñando es seria, haga que la práctica sea realista (decir "no" a los desconocidos). Para cuestiones no tan serias, diviértase mientras practica destrezas con su hijo. Cuando tenga lugar una situación real, no olvide indicarle que use esa destreza que han practicado y recuérdele que la use justo antes de una situación en la cual debería emplearla.

P **"¿Qué hago si uso la Instrucción Preventiva y mi hijo continúa comportándose mal?"**

R Es posible que deba mejorar la manera en que aplica la *Instrucción Preventiva* o aumentar la cantidad de veces que practica una destreza con su hijo. La mayoría de los niños no aprenden la primera vez que se les enseña algo. Continúe aplicando la Instrucción Preventiva y utilice los

Elogios Eficaces y las consecuencias positivas para estimular el comportamiento que haya enseñado. Si el mal comportamiento continúa, emplee la *Instrucción Correctiva* (capítulo 11).

"Si mi hijo no quiere practicar, ¿debo obligarlo?"

No. Si su hijo se resiste, posponga la práctica para más tarde. Pero asegúrese de practicar poco después o su hijo comenzará a evitar las prácticas con frecuencia. Espere a encontrar un momento neutro en el que esté tranquilo y quiera estar con usted. ¡Aproveche esta nueva oportunidad para practicar!

"¿Puedo usar la Instrucción Preventiva para ayudar a mi hija a aprender lo que debe hacer en las situaciones serias a las que pueda verse expuesta?"

Sin dudas. Muéstrele y dígale lo que debe decir o hacer en esas situaciones. Hágale saber qué adultos la ayudarán y cómo pedir ayuda. Como padres, intentamos preparar a nuestros hijos para enfrentar experiencias positivas y negativas. Queremos que sean conscientes de cómo reaccionar y cómo prevenir problemas graves en el futuro. Mediante la *Instrucción Preventiva,* se pueden enseñar, con eficacia, diversas cuestiones, tales como el peligro que representan las personas desconocidas, la seguridad en el patio de juegos y otras precauciones.

"¿Cuándo debería comenzar a usar la Instrucción Preventiva con mi hijo pequeño?"

Tan pronto como su hijo sea capaz de comprender lo que usted está intentando enseñarle y pueda seguir los pasos que le describa.

CAPITULO 10

¡Tomémonos un descanso!

Cuándo y Cómo Usar el "Tiempo Quieto"

Una de las consecuencias más eficaces a las que pueden recurrir los padres cuando sus hijos pequeños se comportan mal es el Tiempo Quieto. El proceso del Tiempo Quieto implica separar a su hijo de lo que le gusta hacer, por un período corto, inmediatamente después del mal comportamiento. Es una manera de disciplinar sin levantar la voz ni la mano. El Tiempo Quieto es simplemente hacer que su hijo se siente en un lugar sin hacer ruido durante una cierta cantidad de tiempo.

El Tiempo Quieto también se puede definir como la técnica opuesta a lo que llamamos tiempo de inclusión. El tiempo de inclusión es el que el niño pequeño pasa haciendo cosas divertidas y que disfruta (jugar con usted, colorear, dibujar, leer, mirar televisión, jugar con juguetes o hacer cualquier otra cosa que le guste). El tiempo de inclusión es

> A los 18 meses, aproximadamente, los niños se dan cuenta de que la pelota que hicieron rodar bajo el sofá saldrá por el otro lado.

"lo que está bueno" en la vida del niño. Gran parte de ese disfrute proviene de estar cerca de usted, en especial, cuando usted se propone mostrarle afecto, elogiarlo por su buena conducta y reconfortarlo. El Tiempo Quieto es una consecuencia tan poderosa porque el tiempo de inclusión es muy importante para el niño.

El Tiempo Quieto es como los castigos para los jugadores de hockey sobre hielo. Cuando un jugador hace algo malo, se le exige ir a la zona de castigo durante cierta cantidad de tiempo. El árbitro no grita, amenaza ni golpea al jugador. Se limita a hacer sonar el silbato e indicar el área de castigo. Durante el tiempo que dura el castigo, al jugador no se le permite jugar, sólo mirar. Los tiempos quieto fastidian a los jugadores de hockey porque prefieren jugar a mirar. Tenga presente esta comparación con el hockey cuando use el Tiempo Quieto con su hijo. Esta consecuencia funciona bien porque los niños prefieren jugar y hacer cosas que les gustan a "quedarse sentados".

Los pasos del Tiempo Quieto son simples y breves:

1. **Dígale al niño que va a cumplir Tiempo Quieto y explique brevemente por qué (describa el comportamiento inapropiado).**

2. **Dígale que vaya al lugar donde debe cumplir el Tiempo Quieto y llévelo con delicadeza hacia él.**
3. **Permítale calmarse antes de que comience el período de Tiempo Quieto.**
4. **Active el cronómetro para comenzar el período de Tiempo Quieto.**
5. **Cuando el Tiempo Quieto finalice, dígale que puede irse.**

Instrucción Preventiva para el Tiempo Quieto

En un momento en el que su hijo no se esté comportando mal, explíquele con un lenguaje simple qué es el Tiempo Quieto, para qué problemas de comportamiento se usará y cuánto durará. Practique usar el Tiempo Quieto con el niño antes de usarlo como consecuencia. Verá que varios ensayos pueden ayudar a que salga mejor cuando lo use de verdad.

Mientras practique, recuérdele a su hijo que están "simulando" en esa ocasión. Es posible que sea necesario enseñar de a uno o dos pasos solamente. Enseñar uno o dos pasos, en lugar de todos juntos de una sola vez, puede ayudar a que sus hijos comprendan con claridad cómo funciona el Tiempo Quieto.

Intente que la práctica no parezca una tarea doméstica o un sermón. Los niños no escuchan si creen que algo es aburrido o es trabajo. Se puede usar un animal de peluche, una muñeca o muñecos coleccionables para que la enseñanza sea más interesante. Su hijo puede hacer de cuenta que el juguete es un niño que necesita cumplir con su Tiempo

Quieto. Después de haberle descrito el proceso, ayúdelo a que le muestre y le diga cómo es cada paso.

Cuando el Tiempo Quieto No Funciona

Habrá ocasiones, en especial, cuando comience a usar el Tiempo Quieto como consecuencia, en las cuales su hijo no querrá cooperar. En esta sección, se discutirán algunas situaciones comunes en las cuales los niños no quieren seguir las reglas del Tiempo Quieto y qué puede hacer usted ante esto.

Si su hijo se comporta mal mientras cumple con el Tiempo Quieto, no diga nada e ignore todo lo que no sea peligroso para él, para usted u otras personas, y para los muebles. La mayoría de los comportamientos negativos que se producen cuando los niños están en Tiempo Quieto son intentos de hacer que los padres reaccionen y digan algo, lo que sea. Es posible que su hijo lloriquee, grite, se queje, arroje objetos o haga un gran lío. Es posible que haga comentarios poco amables acerca de sus destrezas de crianza o diga que ya no lo quiere más. Este último es quizás el ataque más cruel de todos y, por lo tanto, el más difícil de ignorar. No se preocupe. Su hijo recuperará el cariño que siente por usted cuando termine el Tiempo Quieto.

Que un niño intenta abandonar el Tiempo Quieto antes de que termine, puede deberse a muchas razones. Puede ser que intente llamar la atención, puede ser un signo de que, por su desarrollo, no está listo para el Tiempo Quieto, o que realmente necesita tiempo para calmarse. En casa caso, los padres deben usar su criterio para decidir cómo ayudar a sus hijos a atravesar el Tiempo Quieto.

Por ejemplo, si su hijo abandona el lugar donde cumple Tiempo Quieto para captar su atención, no diga absolutamente nada; sólo siga haciéndolo regresar con calma a ese lugar. Si usted necesita interrumpir el Tiempo Quieto por responsabilidades más urgentes, explique a su hijo lo que ocurre y qué sucederá después. Este podría ser un buen momento para usar el Tiempo Quieto móvil, que se explica más adelante en esta sección.

A menudo, los niños pequeños dejan el lugar donde cumplen con el Tiempo Quieto porque, por su desarrollo, no están listos para cumplirlo y creen que es un juego. Si el Tiempo Quieto no funciona, recurra a consecuencias más pequeñas, como rehacer, enmendar y redirigir (consulte el capítulo 5). Estas consecuencias sólo llevan unos pocos segundos y pueden mantener la atención de un niño pequeño. De hecho, estas consecuencias más pequeñas pueden prepararlos para consecuencias más importantes, como el Tiempo Quieto, la pérdida de un privilegio o el agregado de una tarea doméstica.

Los niños podrían dejar reiteradamente el lugar donde cumplen con el Tiempo Quieto porque están demasiado molestos para controlarse. Los padres deben dejar que el niño se calme antes de intentar aplicar de nuevo el Tiempo Quieto.

Al principio, puede que note que cuanto más controlado y natural se muestra al usar el Tiempo Quieto, más agitados y descontrolados se ponen sus hijos. En otras palabras, su comportamiento puede empeorar, en lugar de mejorar. Con algunos niños, esta reacción creciente forma parte de cómo deben desaprender ciertos comportamientos problemáticos. Serán necesarias su paciencia, su perseverancia y su capacidad de mantener la calma para que la familia vuelva a la normalidad.

Quizá lo mejor que se puede hacer cuando los niños lloran o tienen una rabieta es asegurarse de que no estén en peligro y mantener una distancia segura. Los padres deben recordarles brevemente cómo usar algunos de los métodos para calmarse que se explicaron en el capítulo 13 y comprobar cada tanto cómo van progresando en ese aspecto.

Cuando los niños pierden el dominio propio, los padres deben dejar de intentar corregirlos y, en cambio, ayudarlos a calmarse. Intente recordar que los niños finalmente aprenderán mediante la enseñanza constante que, sin importar cuánto dure su rabieta, su Tiempo Quieto no desaparecerá.

Cuando su hijo esté tranquilo y en silencio, puede decirle que cumpla con el Tiempo Quieto y que va a comenzar otra vez desde cero. Si activa el cronómetro y el niño continúa abandonando el lugar donde cumple con el Tiempo Quieto o se rehúsa a terminar con su rabieta, usted puede tomar la decisión de que el comportamiento es demasiado rebelde y difícil de corregir en ese momento y comenzar con otra destreza de crianza llamada Enseñanza del Dominio Propio (esta destreza se explicará más adelante en este libro).

A los dos años, la visión normal es de sólo 20-60. Recién a los diez años, aproximadamente, se alcanza la visión de 20-20.

Cuando su hijo sea realmente capaz de controlar sus emociones y comportamientos, puede hacer que vuelva a cumplir con el Tiempo Quieto desde el comienzo. No deje que relacione tener una rabieta con salvarse del Tiempo Quieto. Si los niños tienen la madurez suficiente y han demostrado que comprenden cómo funciona el Tiempo Quieto, los padres pueden hacer que vuelvan a cumplirlo cuando se hayan calmado.

Sabrá que sus hijos se han calmado cuando puedan decirle que están tranquilos. Otra forma de comprobarlo es si pueden volver al lugar donde cumplen con el Tiempo Quieto sin discutir.

La paciencia es la clave para usar el Tiempo Quieto con eficacia. Es posible que su hijo se muestre reacio las primeras veces que esté cumpliendo con el Tiempo Quieto pero, a la larga, aprenderá a aceptar sus reglas.

Cómo Usar el Tiempo Quieto Cuando no Estamos en Casa

Muchos padres admiten que la mitad de los comportamientos problemáticos más vergonzosos de sus hijos se producen fuera de la casa. Cuando los niños se comportan mal en público, usted debe mantener la calma y llevar a su hijo a un lugar tranquilo y aislado donde puedan sentarse sin interferencias para cumplir con el Tiempo Quieto. Es recomendable identificar un lugar en el cual puedan tener algo de privacidad, donde el niño no se sienta avergonzado ni haya una audiencia (un banco en el centro de compras o el pasillo de un baño).

Muchos padres usan una lámina de Tiempo Quieto móvil. Este disco (del tamaño de un plato), que se puede hacer con papel o vinilo, se puede plegar y llevar en un bolsillo o un bolso. El pequeño disco circular tiene dos lados: en uno, hay una cara triste y tiene escrito "Tiempo Quieto"; en el otro, hay una cara sonriente. El padre o la madre ponen la cara triste hacia arriba y hace que el niño se siente o se ponga de pie sobre ella cuando tiene que cumplir con el Tiempo Quieto. Al terminarse el período, el niño le da la lámina al padre o la madre con la cara sonriente a la vista.

Es mejor enseñar a los niños cómo funciona la lámina antes de usarla en un Tiempo Quieto real. Este recurso para que el Tiempo Quieto sea trasladable ayuda a los niños a comprender que el Tiempo Quieto se puede y se debe cumplir aunque no estén en su casa. Es posible que algunos niños sean capaces de cumplir con el Tiempo Quieto cuando no están en casa sin usar la lámina; en otros casos, el uso de la lámina da mejores resultados. De cualquier manera, el mensaje es el mismo: el aprendizaje es constante, y el Tiempo Quieto se debe cumplir en cualquier lugar.

Al igual que sucede en casa, usted debe decidir cuándo su hijo está tranquilo y en silencio, y qué comportamiento es necesario que tenga para completar con éxito esta consecuencia. Si el niño está completamente fuera de control, puede ser que tenga que ir a otro lugar y ayudarlo a calmarse. Luego, podrá decidir si usar el Tiempo Quieto u otra consecuencia.

En Resumen

El Tiempo Quieto puede ser una consecuencia eficaz para ayudar a los niños pequeños a aprender qué comportamientos son inaceptables.

Recuerde usar la *Instrucción Preventiva* para ayudar a sus hijos a saber qué espera usted de ellos durante el Tiempo Quieto. Tenga presente que, las primeras veces que su hijo deba cumplir con el Tiempo Quieto, es posible que esta consecuencia no funcione o dé resultados que no sean los ideales, pero pronto aprenderá cómo funciona el proceso.

Algunas claves para lograr un mayor éxito con el Tiempo Quieto son repasar los pasos de la herramienta para mostrarle y decirle claramente a sus hijos lo que usted espera, y practicar esos pasos con ellos varias veces usando la *Instrucción Preventiva*. Además, no olvide que las correcciones y los castigos que imponga son oportunidades de enseñanza, posibilidades de ayudar a su hijo pequeño qué es lo correcto.

[1] Eisenberg, A., Murkoff, H.E., and Hathaway, S.E. (1994). **What to expect: the toddler years.** New York: Workman Publishing.

Preguntas Frecuentes
acerca del Tiempo Quieto

"¿Cuándo debería usar el Tiempo Quieto?"

Úselo como una consecuencia de la *Instrucción Correctiva,* la cual explicaremos en el capítulo 11. Inmediatamente después de un comportamiento problemático, dígale a su hijo qué hizo mal. Luego, llévelo al lugar donde cumplirá con el Tiempo Quieto.

Por ejemplo, podría decir: *"Debes cumplir con el Tiempo Quieto porque acabas de golpear a tu hermana".* Dígalo con calma y una sola vez. No intente razonar con su hijo ni le dé explicaciones largas.

Si su hijo no va por voluntad propia, llévelo usando la menor cantidad de fuerza necesaria. Por ejemplo, tómelo suavemente de la mano o la muñeca y caminen hacia el lugar donde cumplirá con el Tiempo Quieto. O álcelo en una posición tal que no mire hacia usted, para que no haya confusión entre un abrazo y el recorrido hasta el lugar de castigo. Evite prestarle mucha atención mientras lo hace cumplir con el Tiempo Quieto y no discuta, no lo amenace y no le dé palmadas.

"¿Dónde debe estar el lugar para cumplir con el Tiempo Quieto?"

No es necesario usar siempre el mismo lugar. Sólo asegúrese de que el lugar que elija sea cómodo para usted y seguro para el niño. Por ejemplo, usar una silla en la planta baja no es conveniente cuando el comportamiento problemático se produce en la planta alta. Lo mejor es usar una silla para adultos, pero un escalón, un reposapiés, un banco o un sofá también son buenas opciones. Asegúrese de que la zona esté bien iluminada y que no tenga objetos peligrosos. Además, cerciórese de que su hijo no pueda mirar televisión ni jugar con juguetes mientras esté cumpliendo con el Tiempo Quieto.

"¿Cuánto debe durar el Tiempo Quieto?"

El tiempo máximo debería ser de un minuto sin moverse ni hacer ruidos por cada año de edad que tenga su hijo. Así que si tiene un hijo de dos años, la meta debe ser de dos minutos sin moverse ni hacer ruidos. Sin embargo, tenga en cuenta que cada niño es diferente; es posible que un niño de dos años sea perfectamente capaz de sentarse sin moverse ni hacer ruidos durante dos minutos, mientras que a otro le puede costar quedarse quieto durante un minuto.

A veces, es mejor establecer el tiempo de acuerdo con el nivel de desarrollo del niño que con su edad. El tiempo se puede ajustar a medida que el niño comience a comprender las reglas y sea capaz de sentarse quieto y sin hacer ruidos por períodos más largos. Este proceso puede llevar tiempo, en especial al comienzo, cuando los niños no comprenden realmente por qué necesitan estas reglas y todavía no creen que usted actúe en serio cuando las usa.

El tiempo no debe empezar a correr hasta que su hijo esté tranquilo y en silencio. El tiempo que su hijo pase llorando o con una rabieta no se cuenta como parte delTiempo Quieto. Si el tiempo empieza a correr porque su hijo estaba tranquilo, pero comienza a llorar o a tener una rabieta, espere a que vuelva a calmarse antes de volver a contar el tiempo. No deje que su hijo deje el lugar donde cumple con el Tiempo Quieto hasta que se haya calmado. Debe permanecer sentado y sin hacer ruido para poder irse.

Algunos programas sugieren usar cronómetros. Estos dispositivos pueden ser útiles, pero no son necesarios. Si utiliza uno, no olvide que es para recordar a los padres, no a los niños, que el Tiempo Quieto ha finalizado. Usted es quien le dijo a su hijo que cumpliera con el Tiempo Quieto; por lo tanto, usted es quien debe decirle cuándo se ha finalizado.

"¿Qué se considera estar quieto y sin hacer ruido?"

Es usted quien debe decidir qué es un comportamiento calmo y silencioso, y explicárselo a su hijo. Todos los niños son diferentes; algunos se quedan muy quietos y silenciosos cuando cumplen con el Tiempo Quieto. A otros les es difícil sentarse sin moverse y sin hablar. Los movimientos nerviosos y las conversaciones amistosas, por lo general, cuentan como estar quieto y sin hacer ruido. Por ejemplo, si su hijo canta o habla en voz baja consigo mismo, eso cuenta como Tiempo Quieto y sin hacer ruido.

"¿Qué hago cuando el tiempo se haya cumplido?"

Cuando el período de Tiempo Quieto haya finalizado, pregunte a su hijo: "¿Estás listo para levantarte?". Él debe responder que sí de una manera que usted considere aceptable antes de permitirle que se levante. Debería ser suficiente con que diga que sí o asiente con la cabeza.

"Cuando intento que mi hijo cumpla con el Tiempo Quieto, explota y le da una rabieta. ¿Qué debo hacer?"

Tenga en cuenta que el Tiempo Quieto es una consecuencia y no le va a gustar a su hijo, en especial, las primeras veces que lo use. No hay que darse por vencido. Su corrección funcionará. Déjelo tener la rabieta. Cuando se termine, vuelva a hacerlo cumplir con el Tiempo Quieto y recuérdele por qué está allí. Probablemente, sea útil para usted y su hijo practicar cómo funciona el Tiempo Quieto en un momento neutro; hágalo practicar varias veces. Además, hágalo saber por qué comportamientos deberá cumplir con el Tiempo Quieto. De ese modo, sabrá qué esperar cuando se comporte mal. A menudo, los niños descubren por su cuenta que las rabietas no se toleran y que el Tiempo Quieto les impide hacer cosas divertidas. Si su hijo tiene rabietas frecuentes, lea el capítulo 13 sobre la *Enseñanza del Dominio Propio.*

CAPITULO 11

Diferenciar lo que Está Bien de lo que Está Mal

Cómo Manejar el Mal Comportamiento de su Hijo

"¡Ese juguete es mío!".

"Yo lo tomé primero, ¡suéltalo!".

"Le voy a decir a mamá".

"¡Eres un bebé de mamá!" (el niño arroja un juguete y se rompe).

"¡Mami! ¡Mamá! ¡Maaa!" (el niño llora y grita).

¿Le suena familiar? Para los padres de niños pequeños, este tipo de riñas puede formar parte de la vida cotidiana.

En este libro, ha aprendido hasta ahora a emplear algunas herramientas maravillosas que pueden ayudarlo a prevenir comportamientos inapropiados o hacerlos menos intensos o frecuentes. Sin embargo, no existen destrezas de crianza que puedan evitar que los niños pequeños se comporten mal. La destreza Instrucción Correctiva está específicamente ideada para abordar el mal comportamiento.

La *Instrucción Correctiva* consiste en responder al comportamiento problemático de su hijo mediante la finalización del problema, y la enseñanza y la práctica de alternativas positivas. *La Instrucción Correctiva* combina pasos que usted ya ha aprendido para ayudarlo a responder de manera sistemática, eficaz y calma a los comportamientos problemáticos de su hijo.

La *Instrucción Correctiva* consta de cuatro pasos. Ellos son:

1. **Indicar el comportamiento problemático mediante la imagen y la palabra.**
2. **Aplicar una consecuencia negativa.**
3. **Indicar el comportamiento positivo mediante la imagen y la palabra.**
4. **Practicar.**

(Estos pasos se explicarán en detalle en este capítulo).

Cuándo Usar la Instrucción Correctiva

Es mejor comenzar a usar la *Instrucción Correctiva* con los niños (de aproximadamente dos años de edad o más) cuando son capaces de comprender qué son las consecuencias. Las enseñanzas deben ser acordes a la edad y al nivel de desarrollo del niño. En el caso de los más pequeños, es posible que deba usar instrucciones o indicaciones de una palabra y hacer que sus enseñanzas sean breves; los más grandes pueden comprender oraciones más largas y tienen un período de atención más prolongado. Además, recuerde que sus enseñanzas podrían no funcionar de inmediato o todo el tiempo. Se necesitan muchas pruebas y errores.

Pero persevere y siga trabajando para mejorar sus destrezas de enseñanza.

Seguimos alentándolo a que intente aplicar pequeñas consecuencias negativas, tales como rehacer, enmendar y redirigir, junto con *la imagen y la palabra*, para la mayoría de los comportamientos negativos más leves de sus hijos. Cuando use la *Instrucción Correctiva*, probablemente convenga aplicar consecuencias más importantes, tales como el Tiempo Quieto, la pérdida de un privilegio o el agregado de una tarea doméstica, en el caso de niños que sean capaces de comprender cómo funcionan las consecuencias.

> "Un niño es un lunático con rizos y hoyuelos".
>
> – Ralph Waldo Emerson

Por lo general, la *Instrucción Correctiva* es eficaz con comportamientos problemáticos graves o frecuentes que caen en una de las siguientes tres categorías:

Los niños NO HACEN lo que DEBERÍAN HACER:

Hay muchas cosas que usted desea que sus hijos aprendan a hacer: recoger sus juguetes, ponerse los calcetines y los zapatos, venir cuando los llama, sentarse tranquilos, compartir, disculparse, permanecer cerca de usted, ir a dormir cuando es la hora sin protestar y muchas otras. Cuando no hacen lo que deberían hacer, se puede usar la *Instrucción Correctiva* para enseñarles la importancia de que se comporten de acuerdo con lo que usted espera.

Los niños HACEN lo que NO DEBERÍAN HACER:

Los niños pequeños son, por naturaleza, curiosos, aventureros, egoístas y de mentalidad independiente. Esto puede llevar, a menudo, a que hagan cosas que no son útiles ni aceptables. Como ejemplos, podemos citar contestar con insolencia, comer bocadillos sin permiso, mentir, romper cosas, tomar las pertenencias de otro, interrumpir, meterse dentro de cosas, insultar, etc. En situaciones como estas, se puede usar la *Instrucción Correctiva* para detener el comportamiento problemático y enseñar a los niños cómo comportarse de manera más apropiada.

Los niños hacen cosas que PODRÍAN SER PELIGROSAS:

A veces, los niños actúan sin pensarlo bien. Esto puede conducir a situaciones en las cuales se ponen a sí mismos o a otras personas en peligro de lastimarse o de que suceda algo peor. Como ejemplos, podríamos citar jalar la cola de un perro, acercar las manos a una estufa caliente, jugar cerca de la calle, manipular objetos filosos, golpear o morder, lanzar objetos, etc. En estas situaciones, su primera prioridad es asegurarse de que todos estén seguros y ocuparse de las lesiones que podrían haberse producido. Cuidar a sus hijos y asegurarse de que ellos y los demás estén a salvo (recoger los vidrios de una ventana rota, quitar un cuchillo filoso a un niño que lo haya tomado de un cajón, sacar de la calle a un niño) también puede darle tiempo para pensar y calmarse antes de intentar corregir a sus hijos. Cuando ya esté tranquilo y la situación sea segura, puede comenzar a usar la *Instrucción Correctiva* para enseñar comportamientos más apropiados y seguros.

Beneficios de la Instrucción Correctiva

Es importante que los padres elijan para trabajar sólo uno o dos comportamientos problemáticos a la vez, en lugar de intentar corregir todos al mismo tiempo. La *Instrucción Correctiva* ayuda a los padres a hacerlo. Los padres y sus hijos pueden concentrarse en trabajar con ahínco para cambiar un comportamiento que sea realmente perjudicial antes de pasar a otros. Esto no quiere decir que no pueda corregir otros malos comportamientos que surjan en el proceso. Pero cuando aparezcan comportamientos problemáticos importantes, los padres pueden corregirlos sistemáticamente mediante la *Instrucción Correctiva.* De esta manera, los niños recibirán claramente el mensaje de que sus padres no tolerarán ciertos comportamientos. Ponerse de acuerdo en qué corregir también ayudará a los padres a desarrollar tolerancias similares (qué se acepta y qué no se acepta) y a convenir un estilo similar de corrección de malos comportamientos. Para alcanzar esta meta, es necesario que los padres les digan a sus hijos qué hicieron mal y cómo cambiar su comportamiento.

A continuación, analizaremos cómo aplicar la *Instrucción Correctiva* con sus hijos.

Pasos de la Instrucción Correctiva

Para aplicar la *Instrucción Correctiva,* se siguen pasos que usted ya aprendió con este libro, a fin de obtener un método simple y eficaz de responder sistemáticamente a los comportamientos problemáticos de los niños. A continuación, se explican los pasos de l*a Instrucción Correctiva.*

1. Indicar el comportamiento problemático mediante la imagen y la palabra.

A menudo, los niños pequeños saben cuándo han hecho algo mal. Cuando no lo indican sus propios sentimientos de culpa, la mirada o el sonido de la voz de la madre o del padre pueden dejar en claro que han cometido un error. Sin embargo, nunca debemos suponer que nuestros hijos más pequeños saben, de manera automática y con exactitud, qué han hecho mal. Debemos asegurarnos de que sepan qué queremos que cambien.

Mostrar y decir a un niño lo que ha hecho mal define claramente el comportamiento que desea que cambie. El uso de la imagen y la palabra para señalar el comportamiento problemático comienza, en general, con las frases *"Acabas de..."* o *"Recién te oí..."*. Luego, use palabras simples para describir el comportamiento inapropiado, tales como *"Recién te vi golpear a tu hermano"*.

Si no vio ni escuchó los comportamientos, aun así puede usar sus oídos y sus ojos para deducir lo que probablemente haya ocurrido. Por ejemplo, si dos niños se le acercan llorando por un juguete que uno de ellos tenía y el otro tomó, usted puede determinar qué comportamiento problemático se produjo y qué tipo de corrección requiere. En este momento, debe decidir si aplicar consecuencias simples, como rehacer, enmendar o redirigir, o iniciar la Instrucción Correctiva. Si se trata de un comportamiento problemático importante que se produce con frecuencia y parece empeorar cada vez más, use la *Instrucción Correctiva.*

"No hay nada más reconfortante que el sonido de las pisadas de niños pequeños por la casa porque, en cuanto ese sonido se detiene, uno sabe que están haciendo algo que no deberían".

2. Aplicar una consecuencia negativa:

Como mencionamos anteriormente, las consecuencias negativas, tales como el Tiempo Quieto, la pérdida de un privilegio y el agregado de una tarea doméstica, funcionan bien la mayoría de las veces que se aplica la *Instrucción Correctiva.* Recuerde usar siempre este paso. Para aplicar una consecuencia, a menudo, se comienza con las palabras *"Como hiciste..."*. Esto ayuda a los niños a entender que están recibiendo una consecuencia porque se comportaron de cierta manera.

3. Indicar el comportamiento positivo mediante la imagen y la palabra:

Cada vez que corregimos el comportamiento de nuestros hijos, nuestra meta debería ser que las cosas mejoren en el futuro. Debemos enseñarles, de manera clara y específica, cómo comportarse. Mostrarles y decirles a sus hijos la manera apropiada en que deben comportarse la próxima vez les enseña a prevenir o evitar cometer errores similares en el futuro.

Incluso los niños pequeños saben, en general, lo que no deberían hacer. Para corregir verdaderamente un problema, nuestros hijos necesitan saber qué se supone que deberían hacer. Usar palabras, como *"La próxima vez, deberías...",* puede ayudarlo a usted a comenzar a enseñar alternativas positivas. A menudo, puede enseñar una destreza social que ayudará a su hijo a tener mejores resultados la próxima vez que se produzca una situación similar.

4. Practicar:

Usted ya sabe que la mejor manera para que los niños pequeños aprendan y recuerden es practicando lo que deben aprender y recordar. Cada vez que les enseñamos algo a nuestros hijos, es conveniente hacerlos practicar. Hacer que sus hijos practiquen ayuda a que establezcan hábitos de comportamiento positivo y permite que cada incidente o corrección termine con algo positivo o útil. Intente usar las palabras "Tratemos de..." como ayuda para comenzar el paso de práctica de la Instrucción Correctiva (no olvide elogiar a sus hijos por sus intentos durante la práctica). Cuando los niños reciben aliento por hacer las cosas bien, aumenta la probabilidad de que vuelvan a hacerlas en el futuro.

La corrección no tiene por qué ser una situación a la que teman tanto los padres como sus hijos. Los pasos de la Instrucción Correctiva brindan a los padres un método para enseñar a los niños, de forma rápida y eficaz, cómo comportarse mejor en el futuro, sin poner a prueba su voluntad. Lea los ejemplos siguientes para ver lo rápida que puede ser la Instrucción Correctiva y cómo es.

Ejemplo 1: Uso del Tiempo Quieto como Consecuencia

1. **Indicar el comportamiento problemático mediante la imagen y la palabra:**

- Conserve la calma.
- Sea breve y específico.
- Póngase a la altura de su hijo.

"Recién vi que le quitaste ese juguete a tu hermana sin pedírselo y después la empujaste".

2. Aplicar una consecuencia negativa: • Debe relacionarse con el problema, si es posible. • Procure que sea apropiada para la edad del niño.	*"Por haber quitado el juguete y empujado a tu hermana, debes dármelo y sentarte en el escalón durante cuatro minutos en Tiempo Quieto"* (el padre o la madre activan el cronómetro). (Después de que finaliza el Tiempo Quieto). *"Gracias por haber cumplido con el Tiempo Quieto como te pedí. Ya se terminó. Puedes levantarte".*
3. Indicar el comportamiento positivo mediante la imagen y la palabra: • Sea breve y específico. • Enseñe al niño lo que debe hacer la próxima vez.	*"La próxima vez que quieras un juguete que esté usando tu hermana, debes decir 'Por favor, ¿puedo jugar un rato con el juguete?'".*
4. Practicar: • Recurra a la simulación, juegos o una situación real para practicar. • Haga que su hijo practique lo que le enseñó. • Procure que sea breve.	*"Ahora, yo sostendré el juguete y tú harás de cuenta que soy tu hermana. Quiero que me muestres cómo podrías pedirle el juguete.* (El niño responde para practicar: "Por favor, ¿puedo jugar un rato con el juguete?"). *¡Buen trabajo! Dijiste 'por favor' y pediste que te lo prestara un rato".*

Ejemplo 2: Uso de la Pérdida de un Privilegio como Consecuencia

1. Indicar el comportamiento problemático mediante la imagen y la palabra:	*"Ustedes dos están haciendo ruido y discutiendo por este juguete mientras hablo por teléfono".*
2. Aplicar una consecuencia negativa:	*"Voy a poner el juguete en el estante hasta terminar de hablar".*
3. Indicar el comportamiento positivo mediante la imagen y la palabra.	(La mamá cuelga el teléfono). *"Cuando estoy hablando por teléfono, deben sentarse aquí y hablar en voz baja".*
4. Practicar:	*"Ahora voy a llamar a mi amiga. Mientras le hablo, ambos pueden practicar hablar en voz baja".*

Sugerencias Útiles

Aunque corregir comportamientos problemáticos puede ser, en general, simple y fácil, usted sabe que este no siempre es el caso. De hecho, los niños, a veces, lo hacen bastante difícil. Como ayuda para mantener la concentración, tenga presentes cada una de las siguientes sugerencias útiles.

Conserve la calma:

Cuando su hijo está molesto, es un buen momento para que usted controle sus emociones. Puede que sea útil tener un Plan para Conservar la Calma, lo cual se describe en el capítulo 12. Aunque los niños pequeños pueden ser muy testarudos y sensibles, en realidad, siguen nuestro ejemplo. Cuanto mayor sea nuestra capacidad de mantener la calma, mayor será la probabilidad de que la mantengan nuestros hijos.

Sea breve:

A veces, creemos que cuanto más les hablamos a nuestros hijos, más aprenden. De hecho, a menudo, ocurre lo contrario: cuanto más hablamos, menos escuchan. No deberían ser necesarias muchas palabras para hacer saber a sus hijos lo que hicieron mal y cómo hacer mejor las cosas en el futuro. Sea breve. Los niños aprenden más de las demostraciones y la práctica que de las palabras.

Sea constante:

¿No le parece, a veces, que está corrigiendo a su hijo por lo mismo una y otra vez? Los niños pequeños tienen períodos de atención cortos y poca memoria. En verdad, olvidan las cosas tan rápido como se las enseñamos. Por eso, es importante que los padres sean constantes con las reglas, las rutinas y la corrección del comportamiento. La constancia les recuerda a los niños pequeños cuáles son los límites, qué es aceptable y qué no.

Busque cooperación:

Los niños pequeños pueden ser muy inquietos. Parecen ir de un comportamiento problemático a otro y nos arrastran con ellos. Sin embargo, no es algo que los padres quieran que dure para siempre. Cuando nuestros hijos cometen errores, queremos estimularlos para que cambien su comportamiento y tengan un comienzo positivo. Podemos ayudar a que esto ocurra mediante el elogio de los comportamientos buenos, incluso, cuando nuestros hijos se equivocan. Por ejemplo, si un niño fastidia a un compañero de juego, se lo puede elogiar por haber dejado de fastidiarlo cuando se le dijo, por haber venido cuando se lo llamó, por haber escuchado mientras se lo corregía, por haber ido a cumplir con el Tiempo Quieto y haberse quedado, por practicar cómo llevarse mejor con los demás, o por haberse disculpado. Buscar que coopere y elogiar la cooperación puede ayudar a que la corrección de problemas sea menos complicada.

Use razones para niños:

Al igual que con otras destrezas de crianza, usar razones para niños puede ayudar a sus hijos a comprender mejor lo que usted espera y a estimularlos a intentar lo que les ha enseñado.

Mantenga la atención en un solo problema:

Los niños tienen una habilidad prodigiosa para distraernos. Sin importar cuál sea el problema original, ellos pueden distraernos rápidamente con frases como *"No me quieres", "Pero, él comenzó"* o *"Papá dijo que podía"*. Los niños pequeños también pueden embarrar la cancha con lágrimas, gritos, malas palabras o trucos ingeniosos, como darnos un abrazo o un beso cuando los estamos corrigiendo. Hagan lo que hagan, es importante que, de todos modos, reciban la corrección por el comportamiento inapropiado. Siempre podrá atender los demás asuntos después. Si continúan lloriqueando, haciendo pucheros, discutiendo o gritando, es posible que deba darles tiempo para calmarse.

En Resumen

Corregir los problemas de comportamiento infantil es algo que a los padres raras veces los entusiasma. Sin embargo, mientras los niños cometan errores, siempre será parte de su crianza.

"Antes de casarme, tenía seis teorías acerca de criar niños. Ahora, tengo seis hijos y ninguna teoría".

– John Wilmot

Es importante, sin embargo, no considerar que responder a los comportamientos problemáticos de nuestros hijos se trata nada más que de una obligación poco placentera. Es mucho más que eso. Es una oportunidad maravillosa, una oportunidad de enseñar a nuestros hijos a tener mejores resultados, de facilitar nuestra vida mediante la corrección de un problema antes de que empeore, de mostrar a nuestros hijos que nos importan demasiado como para permitirles que continúen tomando malas decisiones, de mostrar a nuestros hijos que, incluso cuando se equivocan, los tratamos con respeto y amor.

La *Instrucción Correctiva* es una herramienta que puede ayudarnos a "superar" una situación problemática, a enseñar a nuestros hijos cómo hacer lo correcto y a fortalecer a nuestras familias.

Preguntas Frecuentes

acerca de la Instrucción Correctiva

P **"¿Cómo se corrige a un niño de cuatro años por morder?"**

R A veces, cuando los niños se sienten frustrados, recurren a comportamientos agresivos, como morder. Debe corregir a su hijo de inmediato. Luego, descríbale brevemente su mal comportamiento (*"No hay que morder. Eso lastima"*). Es importante usar un tono de voz firme y, a continuación, aplicar una consecuencia que pueda usar sistemáticamente, como el Tiempo Quieto, la pérdida de un privilegio o la práctica de algo que ya sabe hacer. Asegúrese de enseñarle qué quiere que haga, en lugar de morder.

P **"A veces, corrijo a mis hijos por cosas que hacen mal, pero las vuelven a hacer. ¿Cómo hago para evitar tener que corregirlos todo el tiempo?"**

R El mal comportamiento en los niños pequeños es una experiencia de aprendizaje natural. La clave para cambiarlo o ponerle un fin es la constancia. Asegúrese de aplicar consecuencias eficaces y lógicas, y compruebe que sus expectativas sean razonables. Tenga paciencia y observe todos los avances en el comportamiento de sus hijos. Cuando vea un avance, aunque sea leve, no olvide usar los *Elogios Eficaces.*

"Mi hija simplemente ignora todo lo que digo cuando la corrijo porque sabe que su padre le dejará obtener todo lo que quiera. ¿Cómo puedo resolver este problema?"

Siéntese a hablar con su esposo acerca de las diferencias en los estilos de crianza. Llegue a un acuerdo acerca de cómo corregirán ambos a su niña en un área en particular. Cuando ambos hayan podido trabajar juntos en problemas de menor importancia, trabajen con el objetivo de llegar a un acuerdo para manejar problemas más importantes. La coherencia es clave para tener éxito en la crianza.

"Quiero ser más constante en la corrección de mis hijos, pero ¿debo corregir cada pequeño error que cometan?"

No se preocupe demasiado por los asuntos de poca importancia. Corregir cada pequeño error hará que la calidad y la constancia de su enseñanza decaigan. Para los problemas de poca importancia, se puede redirigir, rehacer o enmendar, mientras que los comportamientos problemáticos frecuentes y graves necesitan más corrección. Escoja unos pocos comportamientos problemáticos que realmente lo disgusten y trabaje para corregirlos. En otras palabras, elija qué batallas luchar. La corrección permanente será percibida como un fastidio y, en realidad, puede provocar más comportamientos negativos.

CAPITULO 12

Respire Profundo

Elaboración de un Plan para Conservar la Calma

Muchos padres nos cuentan que el mayor desafío que enfrentan al lidiar con los comportamientos problemáticos de sus hijos es conservar la calma. Los niños pequeños pueden estar en actividad constante, hacer preguntas, causar desorden, tener rabietas o, sencillamente, hacer muchas cosas que causan problemas. Con la finalidad de prepararse para este aluvión de comportamientos, los padres necesitan mantener la serenidad.

Comprenda que no estamos diciendo que dejará de enojarse. Eso es imposible e, incluso, puede ser poco saludable, ya que el enojo es una emoción humana básica. Sólo estamos diciendo que salirse de las casillas por el comportamiento de su hijo puede empeorar la situación.

Cuando les preguntamos a los padres qué hacen cuando están enojados, algunos dicen que les gritan a sus hijos o los toman del brazo. Algunos dicen que golpean algo o arrojan o patean cosas. Muchos padres están totalmente convencidos de que estas respuestas cargadas de ira logran mostrar a los niños que están "hablando en serio". Y tienen razón. Estas respuestas realmente detienen, de manera temporal, el comportamiento problemático. ¿Pero qué aprenden los niños? A gritar o golpear, o a arrojar o patear cosas cuando están alterados.

En este capítulo, elaboramos un plan para conservar la calma. La elaboración de su *Plan para Conservar la Calma* consta de tres pasos:

1. **Identificar qué cosas hacen sus hijos que lo alteran.**
2. **Identificar qué acciones o sentimientos son señales de que usted se está alterado.**
3. **Decidir qué va a hacer, en lugar de alterarse en el futuro.**

Paso 1: Qué lo Altera

Saber qué nos hace enojar es el primer paso para poder responder con calma a los comportamientos problemáticos de nuestros hijos. Normalmente, los niños son capaces de provocar nuestro enojo, de decir o hacer lo que nos irrita.

En una hoja de papel, haga una lista de los comportamientos específicos que sus hijos hayan tenido en el pasado y le hayan hecho perder los estribos. Preste atención a lo que sus hijos hayan dicho y hecho, el tono de voz que hayan empleado y otros detalles similares. Además, será de utilidad identificar las situaciones en las cuales se hayan ocurrido estos comportamientos. Por ejemplo, ¿este comportamiento se produjo después de haberles dado una instrucción a sus hijos, de haberlos corregido o de haberles pedido ayuda en quehaceres domésticos? ¿Ocurrió a cierta hora del día, por ejemplo, antes de comer o de ir a acostarse? Cuanto más específica sea la lista, habrá mayores probabilidades de que tenga éxito al enfrentar estas situaciones con más calma en el futuro.

"Jamás es demasiado el cuidado que se pone en lo que se le dice a un niño porque uno nunca sabe qué incorporará en su mente y por qué nos recordará el resto de su vida".

– Frederick Buechner

Paso 2: Sus Señales de Alarma

Hay un conjunto de sentimientos que inundan nuestros cuerpos cuando comenzamos a alterarnos. Nuestro comportamiento también cambia. En esos momentos, la manera en que maneje estos sentimientos marcará una enorme diferencia en lo que haga o diga. Si pierde el control y dice o hace todo lo que pasa por su cabeza, sólo empeorará la situación, herirá los sentimientos de sus hijos y, más tarde, se arrepentirá. En otras palabras, es muy poco frecuente que sucedan cosas buenas cuando se altera con sus hijos y pierde el dominio propio.

Todos tenemos pequeñas señales que indican que nos estamos alterando. Reconocer estas "alarmas" nos permite pensar antes de actuar. Es mucho más fácil trabajar en la resolución de un problema cuando podemos conservar la calma.

> "No hay nada más influyente en la vida de un niño que el poder moral de dar el ejemplo".
>
> –William Bennett

¿Cuáles son sus "alarmas"? ¿Su corazón se acelera, o su cara se poner roja? ¿Aprieta los dientes, cierra el puño o siente que se le tensionan los músculos? ¿Habla más rápido o más alto, o comienza a señalar y hacer movimientos abruptos? Dedique un poco de tiempo a pensar en las señales iniciales de alarma que indican que está comenzando a alterarse. Antes de poder cambiar la manera de responder a sus hijos, debe saber exactamente cuáles son sus señales de enojo. En la hoja de papel en la que hizo la lista de comportamientos de sus hijos, escriba lo que dice o siente cuando está comenzando a enojarse.

Paso 3: Elabore un Plan

Ahora, veamos cómo puede usar estas señales como ayuda para conservar la calma en situaciones tensas con sus hijos. Lo que vamos a hacer es combinar:
los comportamientos problemáticos de sus hijos y

sus señales de alarma iniciales con una manera de conservar la calma que le dé resultado.

El siguiente ejemplo muestra cómo una madre usó estos tres pasos para elaborar su *Plan para Conservar la Calma.*

Ejemplo

Cuando **Juan me responde con insolencia y se niega a ir a acostarse** *(comportamientos problemáticos del niño)* y comienzo a sentir que **mi corazón late con fuerza** *(mi señal de alarma),* **respiro profundo y dejo salir el aire lentamente** *(lo que haré)* para calmarme.

Conservar la calma no siempre fue fácil para esta madre, al principio. Tuvo que poner dedicación. Pero, cuanto más se concentró en su plan, mejores resultados obtuvo para conservar la calma. Dijo que se sentía mejor con la manera en que interactuaba con su hijo y casi sentía orgullo por mantener el dominio propio.

A continuación, incluimos algunos métodos que nos han contado otros padres que utilizan para calmarse en situaciones tensas:

- *"Cuento hasta diez, muy despacio. Me concentro en hacer eso, sin importar lo que esté gritando mi hijo".*
- *"Pongo las manos en los bolsillos. Tiendo a transmitir mucho con las manos, en especial, cuando me enojo. Antes, cuando no hacía esto, creo que mi hija pensaba que la iba a golpear. No era así, pero ella veía mi comportamiento como una amenaza".*

- *"Me siento. Si estoy de pie, comienzo a temblar. Sentarme me calma por alguna razón. Puedo decirle igualmente a mi hijo qué está haciendo mal, pero lo digo con mucha más calma".*
- *"Respiro profundo y dejo salir el aire lentamente. Para mí, es una válvula de escape. Es como dejar salir vapor a presión de mi cuerpo".*
- *"Sólo me aparto de la situación por un momento. Voy a otra habitación hasta poder controlarme. Pienso que, si mi hijo está así de furioso, tomarme un poco de tiempo para recobrar el dominio propio no puede causar ningún mal. Puedo manejar la situación mucho mejor de esa manera. A veces, incluso, él está tranquilo cuando regreso".*
- *"Esto puede sonar raro, pero llevo una banda elástica en la muñeca, que estiro y suelto cada vez que siento que me estoy empezando a alterar. Esa es una señal para mí de que es mejor que me calme".*
- *"Antes me alteraba tanto con mi hijo de cinco años que lo único que encontré que me ayudó a calmarme fue lavarme la cara con agua fría".*
- *"Llamo a alguien, como mi mejor amiga o mi hermana. Al hablar de la situación, puedo volver y manejarla con más calma".*
- *"Me siento y escribo en una hoja de papel sobre el enojo que siento. A veces, ni siquiera puedo leer lo que escribí. Pero eso no es tan importante como el hecho de que no*

me desquito con él. Cuando me calmo, siempre me sorprendo por cuánto me altero por algo tan nimio".

En la misma hoja de papel en la que escribió la lista de comportamientos de su hijo y las señales de alarma de que usted se está por enojar, elabore, para poner los toques finales, un plan para usted. Los padres dicen que cuando escriben su plan, tienen hay probabilidades de recordarlo y usarlo en situaciones reales. Procure seguir este esquema:

Cuando ______________________________,
(comportamiento problemático del niño)

y comienzo a sentir ____________________,
(mis señales de alarma)

hago ______________________ para calmarme.
(qué hago para conservar la calma)

Sugerencias Útiles

Aprender a controlar sus reacciones negativas llevará tiempo. No se desanime si pierde el control de vez en cuando. Estas son algunas sugerencias que han ayudado a otros padres:

Practique diálogos internos positivos.

Si se encuentra teniendo pensamientos negativos, interrúmpalos. Dígase "¡Basta!". Luego, vuelva a concentrarse con pensamientos positivos. Esto ayuda a que mantenga el dominio propio y resuelva el problema que está enfrentando.

A continuación, incluimos algunos ejemplos de pensamientos motivacionales que otros padres han usado:

"Relájate. Tómalo con calma".

"Voy a ayudar a mi hijo".

"Encáralo de a poco".

"Soy un buen padre; puedo hacer esto".

"Va a mejorar. Es cuestión de tiempo".

Descubrirá que cuanto más seguido tenga estos diálogos internos positivos, mejor se sentirá con usted y con su rol de madre o padre. Aunque no observe ningún cambio inmediato en el comportamiento de su hijo, ciertamente, puede evitar que el problema empeore.

Los pensamientos negativos y autodestructivos siempre traen más problemas. Al recurrir al diálogo interno positivo, no sólo aprende a controlar sus emociones, sino que también puede concentrarse mejor en la tarea que lo ocupa: enseñar a sus hijos maneras positivas de comportarse.

No tome los dichos de su hijo como ataques personales.

Esto puede ser muy difícil de hacer cuando su hijo lo insulta o le dice cosas hirientes. Debe convencerse de que su hijo hace esto porque todavía no ha adquirido las destrezas necesarias para manejar el enojo y la frustración. No reaccione cuando lo insulten o lo acusen de ser un desastre como madre o padre. Aprenda a dejar que los comentarios negativos que surgen del enojo le reboten; así, la eficiencia de su enseñanza aumentará.

Aplique la regla de tomarse cinco minutos.

En lugar de dejar escapar una respuesta cargada de ira, propóngase tomarse cinco minutos para pensar en lo que está sucediendo. Es notable cómo ese período de tranquilización puede ayudar a una persona a recuperar el dominio propio y poner las cosas en perspectiva. A veces, simplemente apartarse de la situación puede ayudar a "distender" una situación volátil.

Concéntrese en el comportamiento, no en los motivos

En lugar de buscar las causas del comportamiento negativo de su hijo, corrija la manera en que él actúa. Puede llegar a enloquecer tratando de averiguar por qué se comporta mal. Una vez que el problema esté resuelto, tómese tiempo para hablar con su hijo acerca de lo que ocurrió y por qué ocurrió.

> "Hay sólo una manera de criar a un niño para que siga el camino apropiado y es seguir ese camino uno mismo".
>
> – Abraham Lincoln

Si pierde el control, diga que lo siente.

Si se enoja y dice o hace algo de lo que se arrepiente, diga que lo siente. Esto sirve de ejemplo de lo que deben hacer sus hijos cuando cometen un error. Discúlpese, diga qué hizo mal y qué va a hacer diferente la próxima vez. Disculparse hace a los padres más "humanos", también. A veces, los niños sienten que los padres siempre tienen razón, suceda lo que suceda. Admitir el error es, a mundo, lo mejor que se puede hacer. Lo más recomendable es disculparse y esforzarse para que no vuelva a ocurrir.

Use un tono de voz firme:

Conservar la calma no significa ser totalmente pasivo. A veces, es necesario levantar la voz, pero hay que usar un tono firme y serio. Asegúrese de que las palabras que use sean descripciones específicas, y no censuras, palabras despreciativas o sentimientos negativos. Conservar la calma significa no reaccionar con enojo o agresividad ante el mal comportamiento.

En Resumen

Conservar la calma y el dominio propio es la clave para enseñar y criar de manera eficaz. Elaborar un *Plan para Conservar la Calma* para usted mismo le proporciona un método sistemático para calmarse cuando los comportamientos de su hijo lo enojen o alteren. Recuerde estos pasos y sígalos.

1. Observe su propio comportamiento.
2. Identifique qué le causa enojo.
3. Sepa qué va a decir y hacer para calmarse.
4. Controle las respuestas negativas y manéjelas con rapidez.

CAPITULO 13

Y Cuente hasta Diez

Enseñar a su Hijo el Dominio Propio

Usted se encuentra en una tienda. Oye un fuerte ruido justo frente a usted y ve una docena de latas de judías verdes desparramadas en el piso. En el medio de ese desorden, hay un niño tumbado en el piso con una barra de dulce a medio comer en la mano. Su madre está intentando quitarle el dulce, pero él patalea para defenderse mientras grita "¡Mi dulce!". Su madre le dice que haga silencio, pero eso sólo lo hace gritar más fuerte. "¡No lo haré!", dice chillando. "Y no puedes obligarme"

¿Cómo manejaría una situación similar con su hijo? Todos los padres de niños pequeños han experimentado frustración cuando su hijo tiene una rabieta. Puede que los niños se quejen, lloren, muerdan, chillen, pataleen, discutan o arrojen objetos. En el otro extremo de la escala emocional, puede que se nieguen a hablar o a seguir instrucciones, cierren fuerte los ojos, se escondan de sus padres o los ignoren, o que contengan la respiración hasta perder el conocimiento. Sea cual sea su comportamiento, estos niños se salieron del control de sus padres, lo cual puede hacer que se sientan enojados, avergonzados o impotentes ante la situación. Los estallidos emocionales y los actos de desafío tenaz de los niños son difíciles de manejar. Los padres necesitan responder de manera positiva para que los niños aprendan el dominio propio.

En este capítulo, aprenderá a ayudar a sus hijos cuando se ven superados por las emociones negativas. A esta destreza de crianza la llamamos *Enseñanza del Dominio Propio.*

Un Comportamiento que se Aprende

Muchos padres no comprenden por qué sus hijos, a veces, se salen tanto de control. Algunos creen, incluso, que están haciendo un trabajo de crianza pésimo y toman ese comportamiento escandaloso de forma personal, como si tales exhibiciones fueran un signo del desagrado que sienten sus hijos hacia ellos. En esos momentos, es necesario que se recuerden a sí mismos que hacer escándalo es un comportamiento negativo y que, como todos los comportamientos, se aprende.

Cualquier cosa puede hacer que un niño pierda el dominio propio. Los niños muy pequeños, por lo general, se comportan mal cuando tienen hambre o están cansados o frustrados. A menudo, no pueden decirles a sus padres qué es lo que está mal, y su frustración crece hasta desencadenar un comportamiento negativo. Sólo piense cómo reaccionaría usted si no pudiera transmitir a los demás cómo se siente. También se enojaría. Sin embargo, a medida que crecen, es probable que aprendan que con esas rabietas y actos desafiantes pueden obtener algo que quieren o evitar algo que no les gusta.

> "Dé al cerdo cuando gruña y al niño cuando llore, y tendrá un buen cerdo y un mal niño".
>
> – Danish proverb

La mayoría de los padres y sus hijos pasan por situaciones muy similares: los niños tienen una rabieta, y los padres se agobian. A veces, los padres simplemente se cansan del fastidio y el trastorno que produce escuchar llantos, quejidos y gritos. En otras ocasiones, se avergüenzan tanto que lo único que quieren es darle al niño algo para que haga silencio, en especial, en el caso de las rabietas en público. A menudo, los niños se comportan mal para llamar la atención (la de usted o la de cualquier otra persona). Les parece que la atención negativa es mejor que la ausencia de atención. Más allá de los motivos, es muy importante manejar estos comportamientos perjudiciales de forma coherente, correcta y calma.

Como ya ha aprendido con este libro, la respuesta habitual al comportamiento negativo es usar la Instrucción

Correctiva. Y es necesario que sea perseverante y controle sus emociones cuando la use (recuerde emplear el Plan para Conservar la Calma del que hablamos anteriormente). Este método de enseñanza funciona bien para la mayoría de los malos comportamientos leves. Sin embargo, cuando el niño se vuelve más desafiante o arma mayores escándalos hasta el punto de que no sigue ninguna instrucción y no responde a sus enseñanzas, es momento de encarar el problema de otra manera. Es hora de usar la *Enseñanza del Dominio Propio.*

La *Enseñanza del Dominio Propio* es la respuesta calma de un padre o una madre al estallido emocional de un niño o su negación continua a comportarse bien, para que se le pueda impartir enseñanza. Consta de dos etapas. La primera etapa se llama Calmarse y consiste en tres pasos:

1. **Show and Tell the problem behavior.**
2. **Give clear instructions.**
3. **Allow time to calm down.**
4. **Check for cooperation.**

La segunda etapa se llama *Fase de Instrucción.* Puede incluir una o más de las opciones que aprendió en los capítulos sobre las consecuencias y la *Instrucción Preventiva:*

- Redirigir.
- Rehacer.
- Enmendar.
- Hacer cumplir con el Tiempo Quieto.

- Practicar destrezas para calmarse.
- Practicar destrezas sociales.
- Aplicar consecuencias adicionales (si es necesario).
- Volver a hablar del problema original

No podemos prevenir por completo que nuestros hijos se comporten mal y nos desafíen. Sin embargo, podemos intentar ayudarlos a superar estos estallidos sin que se produzca una gran batalla. *La Enseñanza del Dominio Propio* utiliza pasos que usted ya ha aprendido en destrezas tratadas anteriormente para guiarlo por estas situaciones de pérdida de control. Veamos cuándo debería usar esta poderosa herramienta de enseñanza.

Cuándo Usar la Enseñanza del Dominio Propio

En primer lugar, debe tomar todas las precauciones posibles para evitar usar la Enseñanza del Dominio Propio con demasiada frecuencia. Preste atención a los acontecimientos que conducen a rabietas y actitudes desafiantes. Usted sabe cuándo es más probable que sus hijos hagan escándalos. Es bueno adoptar la costumbre de evaluar las circunstancias (la hora del día, las personas que estaban presentes, la actividad que se estaba realizando, los resultados del comportamiento, etc.) que rodean las rabietas o los actos de desafío tenaz. Es posible que descubra que algunos de estos episodios se pueden prevenir. Por ejemplo, si es cerca de la hora en la que el niño duerme la siesta o si tiene hambre, quizá no sea un buen momento para ir a la tienda. Posponga las compras, si puede, y espere un mejor momen-

> "Los niños nunca se han destacado por escuchar a sus mayores, pero nunca han dejado de imitarlos".
>
> – James Baldwin

to. Observe si un juego o rompecabezas con el que juega su hijo es demasiado difícil para su capacidad, ya que la frustración por no ser capaz de hacer algo correctamente se puede acumular hasta hacerlo estallar. Observe si el comportamiento negativo se potencia por la manera en que la gente le responde. Si los niños obtienen lo que desean cuando se comportan mal, es probable que continúen haciendo escándalos.

Use la Instrucción Preventiva con frecuencia para establecer pautas y expectativas de comportamiento positivo, independientemente de adónde vaya o qué actividad esté realizando. Antes de que se produzcan situaciones problemáticas, piense en las consecuencias que puede aplicar, hágale conocer a su hijo qué son y cuándo se las utilizará, y sígalas a rajatabla. No trate el comportamiento descontrolado como un acontecimiento aislado que aparece de la nada. Hay motivos que lo explican. Puede ser beneficioso para ambos que usted identifique siempre lo que sucede antes y después de que su hijo pierde el control.

Pero, sin importar cuánto lo intente, siempre habrá ocasiones en las cuales nada parezca dar resultado. Por lo general, los padres nos cuentan que usan la *Enseñanza del Dominio Propio* principalmente en dos situaciones:

- Cuando un niño no responde a la *Instrucción Correctiva.*
- Cuando un niño tiene estallidos repentinos e intensos.

Cuando un niño no responde a la Instrucción Correctiva.

Muchas veces, los niños pequeños responden muy bien al redireccionamiento, la enseñanza y la corrección. Sin embargo, habrá ocasiones en las cuales les sea difícil aceptar las instrucciones de sus padres o responder a ellas. Pueden reaccionar con terquedad, impaciencia, vergüenza, enojo, una actitud desafiante o alguna otra emoción que interfiera con sus enseñanzas. Es posible que lloriqueen, griten, pataleen, discutan o, simplemente, lo ignoren. Hagan lo que hagan, sus hijos le están demostrando que no escucharán sus razones y que no están listos para la enseñanza. Este no es el momento para continuar con la *Instrucción Correctiva;* en cambio, es momento para comenzar a usar la *Enseñanza del Dominio Propio.*

¿Qué comportamientos tiene su hijo cuando se disgusta y se niega a hacer lo que le pide? Haga una lista..

Cuando un niño tiene estallidos repentinos e intensos:

A veces, los niños tienen estallidos incontrolables de emoción o de actitudes desafiantes. Este comportamiento es tan intenso que exige su respuesta inmediata. Podrían llegar a lastimar a otras personas o dañar objetos, gritar a todo pulmón, insultar, arrojar juguetes o ropa, patear al perro, o presentar otros comportamientos extremos, intensos y negativos. Quizá no tenga idea de por qué su hijo hace esos escándalos, pero el principal objetivo debería ser lograr que se calme para que usted pueda averiguar qué ha ocurrido y responder de manera adecuada.

Cuando su hijo se sale repentinamente de control, hay que pensar varias cosas antes de decidirse a usar la *Enseñanza del Dominio Propio.* Podría ser que su hijo tenga temor o esté asustado, dolido o triste. Si bien estas emociones pueden provocar algún tipo de comportamiento escandaloso, es necesario darle primero una respuesta reconfortante, en lugar de impartir enseñanzas.

Por ejemplo, ¿qué debería hacer si retira a su hijo de la guardería, comienza a llorar y no hay manera de consolarlo? Sería sensato preguntar primero al personal de la guardería qué ocurrió (si él no lo cuenta) y asegurarse de que esté bien. Quizás uno de los otros niños lo mordió o lastimó, o él se siente rechazado o excluido. Esto requeriría de una respuesta tranquilizadora y de consuelo. Por otra parte, si su hijo comenzó a gritar y llorar cuando vio que usted entraba por la puerta simplemente porque no quería dejar de jugar con los otros niños, eso requeriría del uso de la *Instrucción Correctiva.* Y, si la Instrucción Correctiva no pone fin al comportamiento problemático, es momento de pasar a la *Enseñanza del Dominio Propio.*

También hay cuestiones de seguridad que se deben considerar. Las emociones de un niño pequeño pueden ser muy intensas. Pueden enojarse mucho o sentir una enorme necesidad de liberar lo que sienten. Desafortunadamente, la mayoría de ellos no conoce maneras apropiadas de expresar estas emociones; no saben cuándo detenerse o no siempre comprenden las consecuencias de sus acciones. Esto puede conducir a comportamientos peligrosos, como golpearse la cabeza, morder, pegar, lanzar objetos, empujar, romper cosas o escaparse de usted. Pueden dirigir estos estallidos a otros niños, padres e, incluso, a sí mismos.

En estas ocasiones, haga todo lo posible para que la situación sea segura (elimine todos los objetos peligrosos que estén al alcance de su hijo, retire a su hijo o a otros niños del lugar) antes de intentar calmar a su hijo o impartir algún tipo de enseñanza. Una vez que sepa que su hijo y las demás personas están seguros y haya determinado que necesita usar la *Enseñanza del Dominio Propio,* el primer paso es asegurarse de estar en calma y ser capaz de manejar la situación.

La Importancia de Conservar la Calma

No es algo poco común que los padres pierdan el control por el comportamiento de sus hijos. Pueden sentirse frustrados y enojados, o simplemente cansarse de tener que lidiar con los estallidos emocionales u otros malos comportamientos graves de sus hijos. También puede ocurrir que sufran demasiado estrés en el trabajo o la casa, y eso los haga tener menos paciencia. Cualquiera sea el caso, a veces, los padres también pueden sentir ganas de gritar o lanzar objetos. Es normal sentirse así. Pero actuar bajo los designios de esos sentimientos no es recomendable, en especial, cuando están sus hijos pequeños presentes. En esos momentos de volatilidad, es imprescindible que reconozca lo que está sintiendo y haga algo constructivo para calmarse, de manera que pueda impartir enseñanzas a sus hijos.

Hemos hablado de esto en capítulos anteriores, pero vale la pena volver a repetirlo: **conservar la calma es la clave para enseñar y criar a los hijos de manera eficaz.** Si tiene dificultades para controlar sus propias emociones, practique lo que ha incluido en la lista de su P*lan para Conservar la Calma.* Algunas personas deben trabajar con mucho ahínco para encontrar y emplear maneras constructivas de serenarse cuando sus hijos tienen comportamientos escandalosos. Pero, después de que encuentran una manera saludable de mantener la calma, los beneficios para sus hijos y ellos mismos son espectaculares.

En la próxima sección, hablaremos acerca de los pasos específicos de la *Enseñanza del Dominio Propio.*

Etapa Uno: Calmarse

Los niños no son receptivos a la enseñanza cuando están fuera de control y sus emociones y comportamientos negativos están desenfrenados. Por lo tanto, para que sea posible enseñar, su hijo debe estar suficientemente calmado para escucharlo a usted y seguir instrucciones.

Estos pasos constituyen la fase Calmarse de la *Enseñanza del Dominio Propio:*

1. **Indicar el comportamiento problemático mediante la imagen y la palabra.**
2. **Dar instrucciones claras.**
3. **Dar tiempo para recuperar la calma.**
4. **Comprobar que coopere.**

1. Indicar el comportamiento problemático mediante la imagen y la palabra:

Muchas veces, los niños están tan volcados hacia sus emociones o tan atentos a la situación que no son conscientes (o no les importa) su comportamiento. Ese es el momento en el cual es importante hacerles saber, de manera precisa, qué están haciendo mal. Lo que diga o haga debe ser breve, específico y al grano, sin sarcasmo ni desprecio.

Un buen ejemplo sería decir simplemente: *"Estás gritando"*. Entonces, su hijo sabrá específicamente cuál es el problema. Pero decir (como lo hemos hecho algunos en ocasiones) *"¡Quiero que dejes ya mismo de hacer eso! ¡Estás actuando como un bebé!"* es vago e ineficaz. Funciona mejor decir simplemente frases breves y precisas que describan el comportamiento.

> Los niños pequeños ven a sus iguales como objetos que se mueven y emiten sonidos, pero objetos al fin[1].

Otras sugerencias para describir el comportamiento problemático son usar un tono de voz calmo y decir cosas de manera directa y natural. También puede mostrar que comprende cómo se siente su hijo (empatía) mediante el uso de frases como *"Sé que eso te hizo molestar"* o *"Sé que estás muy disgustado ahora".* Describir el comportamiento de esta manera hace más fácil a su hijo comprender lo que dice y le permite saber que a usted él le importa. Así, ayuda a sus hijos a ver su propio comportamiento (y la desaprobación suya) sin tener que levantar la voz o perder los estribos.

2. Dar instrucciones claras:

A veces, los niños se calman rápido después de que el padre o la madre les da una instrucción clara *("Por favor, deja de gritar").* Pero, cuando no logran manejar sus emociones, necesitamos decirles específicamente cómo calmarse o poner fin al comportamiento problemático.

Una opción sería usar uno de los métodos para calmarse que haya practicado previamente durante la *Instrucción Preventiva.* Algunos de estos métodos podrían ser que el niño respire profundo o se concentre en algún objeto de la habitación hasta calmarse. Otras posibilidades podrían ser contar hasta cinco o diez, o abrazar un animal de peluche o una almohada. Este es un muy buen momento para usar métodos e ideas que discutimos en el capítulo sobre la *Instrucción Preventiva.* Si les enseña estos métodos a sus hijos con anticipación, tendrán una idea más clara de qué pueden hacer cuando se sienten enojados o disgustados.

En otras ocasiones, sus instrucciones podrían apuntar a redirigir a su hijo o poner fin al comportamiento negativo. Por ejemplo, puede decir *"Por favor, deja de gritar"* o *"Por favor, sal de la cocina y ve a tu habitación".*

Habrá ocasiones en las cuales su hijo no siga de inmediato sus instrucciones para detener el comportamiento problemático o para calmarse. Es posible que las emociones lo sigan dominando y que su comportamiento empeore, en lugar de mejorar: una respuesta muy común entre los más pequeños. A menudo, aumentan la intensidad de su comportamiento hasta que los padres se dan por vencidos o ceden. En realidad, lo que sucede en ese tipo de situaciones es que los comportamientos negativos se fortalecen, y hay más probabilidades de que los niños se comporten mal en otras situaciones si les sirve para que los padres se den por vencidos o cedan. Los niños aprenden rápido que *"Si me porto peor, mamá se irá y no tendré que vérmelas con ella"*. Por lo tanto, recuerde seguir a rajatabla los pasos de la *Enseñanza del Dominio Propio* y dar una instrucción clara cuando note que su hijo comienza a perder el control. Esto siembra la semilla de un comportamiento más aceptable. Y comprenda que puede ser necesario pasar por numerosas rabietas y enseñanzas frecuentes antes de que el mensaje se asiente en la cabeza de sus hijos, y aprendan a seguir sus instrucciones y recuperar el dominio propio.

3. Dar tiempo para recuperar la calma:

Este paso es una salvaguardia tanto para usted y como para su hijo. Si su hijo no coopera ni sigue instrucciones y el comportamiento negativo comienza a salirse de control, necesitará una oportunidad para calmarse. Y usted también. Los padres pueden empeorar la situación si responden a comportamientos extremadamente negativos con comportamientos negativos propios. Esto sólo sirve para avivar el fuego. Recurrir a gritos, golpes o palmadas, amenazas, o consecuencias poco razonables y hasta ridículas (quitarle todos los juguetes o decirle que el Tiempo Quieto durará cinco horas) no ayudará.

La mayoría de las veces, es mejor que ambos se refugien en "rincones neutrales". El objetivo es tomarse un recreo el uno del otro hasta que ambos se hayan calmado. Esto no significa dejar al niño completamente solo o sin supervisión. Usted debe ser capaz de garantizar que nada peor pueda suceder. Asegúrese de poder seguir supervisando a su hijo y verifique ocasionalmente que esté seguro y comenzando a calmarse. **NUNCA DEJE SOLO A UN NIÑO MUY PEQUEÑO QUE ESTÁ FUERA DE CONTROL.**

Si su hijo cumple con su instrucción de ir al lugar que le indicó, aunque continúe gritando, ese es el comienzo del proceso de recuperar la calma. Sin embargo, si se niega, podría ser necesario llevarlo hasta allí, pero sin brusquedad. Si ya está en un lugar que usted considere tranquilo y seguro, podría alejarse del lugar hasta que su hijo esté más calmado.

A su hijo puede llevarle varios minutos o mucho más calmarse. Aproveche esta pausa para calmarse también usted. No se detenga a pensar en lo que el niño haya dicho ni tome de manera personal su comportamiento. En cambio, concéntrese en su propio Plan para Conservar la Calma. Una vez que haya recuperado la calma, piense cómo quiere continuar.

4. Comprobar que coopere:

Regrese periódicamente al lugar donde se encuentra su hijo y observe qué tan calmo está y cuánto coopera. Una de las maneras más sencillas de comprobar si un niño se ha calmado es verificar si está listo para seguir una o dos instrucciones simples, tales como mirarlo a usted, ir a sentarse a su lado o escuchar sin interrumpir. Usted podría decirle *"Mírame, por favor"* o *"Siéntate aquí, por favor"* o *preguntarle "¿Estás listo para hablar conmigo ahora?"*. Cuando los niños no pueden hacer lo que les pide, es probable que necesiten más tiempo para calmarse antes de que pueda enseñarles algo. Si su hijo puede seguir instrucciones satisfactoriamente, puede pasar a la Fase de Instrucción, la siguiente etapa de la *Enseñanza del Dominio Propio.*

Los pasos que hemos explicado pueden parecer demasiadas cosas para hacer en un momento difícil. Sin embargo, se pueden realizar con relativa facilidad (el tiempo que lleva esta etapa puede variar de unos pocos minutos a mucho más, según qué tan rápido pueda calmarse su hijo). Lea el siguiente ejemplo para ver cómo podría ser la etapa *Calmarse* de la *Enseñanza del Dominio Propio*. (Esta madre ya ha intentado usar la *Instrucción Correctiva* pero, dado que el comportamiento se intensificó rápidamente, decidió dar comienzo a la *Enseñanza del Dominio Propio).*

Situación: el niño patalea y grita cuando le dicen que no puede comer dulces.

1. **Indicar el comportamiento problemático mediante la imagen y la palabra:**
   - Muestre y diga qué está haciendo su hijo que no sea un comportamiento calmo.
   - Conserve la calma.
   - Tenga una actitud comprensiva.

   "Siento que te hayas decepcionado. Pero ahora estás gritando y pataleando" (la madre le muestra al niño cómo patalea).

2. **Dar instrucciones claras:**
   - Muestre y diga al niño cómo calmarse.
   - Sea breve.

   "Basta, por favor. ¿Por qué no respiras profundo para calmarte?".

3. **Dar tiempo para recuperar la calma:**
   - Dígale a su hijo que vaya a un lugar seguro o llévelo sin brusquedad a un lugar seguro.
   - O aléjese cuando el niño esté seguro (pero continúe supervisándolo).

   "Voy a darte unos minutos para que intentes calmarte. Por favor, ve a tu habitación. Más tarde, iré a verte".

4. **Comprobar que coopere:**
   - Compruebe si su hijo está listo para cooperar; para ello, hágale preguntas o dele instrucciones simples.

(Unos minutos después). *"¿Ya estás listo para escuchar?"* (El niño asiente con la cabeza). *"De acuerdo. ¿Por qué no vienes aquí y hablamos?"*.

Aunque los comportamientos cargados de emoción o desafiantes pueden ser intensos, el ejemplo permite ver que es mejor limitar las palabras y la atención mientras guía a su hijo por el proceso de *Calmarse de la Enseñanza del Dominio* Propio. Pasemos ahora a lo que debería hacer después de que su hijo se haya calmado.

Etapa Dos: Fase de Instrucción

Hay muchas opciones disponibles para usted en la *Fase de Instrucción*. En primer lugar, debe decidir cuál es su principal objetivo y qué desea que aprenda su hijo de esta situación. Debe basar sus enseñanzas en la edad y el nivel de desarrollo de su hijo, en cuán grave fue su comportamiento descontrolado y en qué estaba sucediendo cuando se produjo este comportamiento.

Básicamente, puede recurrir a cualquiera de las otras destrezas que ha aprendido con este libro para enseñar la lección que haya escogido.

En la *Fase de Instrucción*, usted puede elegir entre las opciones siguientes (cada opción incluye una consecuencia por el comportamiento inapropiado).

Redirigir: hacer participar a su hijo en otra actividad constructiva. *"¿Por qué no me ayudas a guardar los alimentos?"*.

Rehacer y Practicar: hacer que su hijo repita una acción o una frase de manera apropiada después de que lo haya hecho incorrectamente. *"¿Puedes decir 'de acuerdo' después de que te diga 'no'? Intentémoslo"*.

Enmendar: revertir o corregir los efectos de un comportamiento negativo. *"Di: 'Papá, lamento haber gritado'"*.

Tiempo Quieto: apartar al niño de aquello que lo divierte por un período corto, que debe cumplir sin hacer ruido. *"Como gritaste y pataleaste durante tanto tiempo, deberás cumplir con un Tiempo Quieto de tres minutos"*

Practicar Destrezas para Calmarse: ensayar una de las destrezas que haya enseñado a su hijo durante la *Instrucción Preventiva. "Practiquemos respirar profundo para cuando comiences a sentirte disgustado"*.

Practicar Destrezas Sociales: enseñar un comportamiento que podría ayudar al niño a evitar frustrarse o enojarse, y prevenir el comportamiento problemático. *"Practiquemos cómo aceptar respuestas negativas"*.

Consecuencias Adicionales: eliminar un privilegio o apartar una pertenencia durante un período corto. *"No puedes comer bocadillos hasta que mamá te diga"*.

Volver a Hablar del Problema Original: preguntar a su hijo qué causó el estallido y buscar juntos maneras de corregirlo en el futuro. *"Hablemos de por qué te enojaste tanto".*

No se sorprenda si usa más de una destreza o herramienta a la vez para ayudar a su hijo a mejorar el comportamiento. A veces, es fácil usar varias de estas opciones combinadas porque se pueden completar en poco tiempo.

Tampoco es raro que los padres de un niño elijan opciones diferentes de aquellas que usan los padres de otro, incluso aunque ambos niños hayan hecho lo mismo. Todo depende de lo que crean los padres que el niño necesite aprender más. Veamos un ejemplo:

> Los niños de ahora son seis pulgadas más altos que los de hace 100 años.

Un niño muerde a su hermana durante una discusión por un juguete que ambos quieren usar. Un padre podría elegir poner al niño de inmediato en Tiempo Quieto y decir con firmeza "No muerdas. Eso lastima", y luego dirigir su atención a la hija. Otro podría querer enseñar al niño la destreza de disculparse y, para ello, hacer que le diga a su hermana que lo siente (enseñar una destreza social) y luego hacer que le ofrezca algo agradable para compensar la mordida. Otro podría quitarle una pertenencia o impedirle hacer una actividad al niño, como quitarle el juguete que causó el conflicto y ponerlo en Tiempo Quieto (consecuencias adicionales). Y otro podría concentrarse en ayudar al niño a practicar estrategias para calmarse.

Como puede ver, la tolerancia y la perspectiva de una madre o un padre son determinantes en la manera de usar la Fase de Instrucción. En cada ejemplo, los padres eligieron métodos que, a su criterio, eran los mejores para enseñar a sus hijos el dominio propio y otras destrezas importantes.

Es muy eficaz combinar las opciones de la *Fase de Instrucción* con otras destrezas que haya aprendido en *La Crianza Práctica.*

Los **Elogios Eficaces** se pueden usar en situaciones en las cuales los niños se calmen antes de que empeore su comportamiento o cuando han mostrado avances en su capacidad de calmarse por sí mismos. Los padres pueden elogiar a sus hijos por probar ideas propias para calmarse, por tomarse tiempo para recuperar la calma, por calmarse más rápido que en situaciones anteriores o, incluso, por disculparse por cosas que dijeron o hicieron.

Puede ser similar a esto: *"¡Buen trabajo! Recordaste respirar profundo y dijiste con calma 'Estoy enojado' tú solo.* (Volver a hablar del problema original). *Ahora ¿por qué no me dices qué te está ocurriendo?"*.

La **Instrucción Preventiva** es útil cuando los padres sienten que se necesita más enseñanza o práctica. Los padres pueden usar la *Instrucción Preventiva* para enseñar una nueva estrategia para calmarse o una destreza social que podría haber ayudado al niño en la situación original. El uso de la Instrucción Preventiva es probablemente más apropiado cuando los comportamientos emocionales del niño necesitan atención, pero no son demasiado agresivos o inapropiados.

Por ejemplo: *"La próxima vez que estés enojado, di 'Mamá, estoy enojado'. Así es posible que pueda ayudarte a buscar una mejor manera de manejarlo. Practiquemos respirar profundo para que no te disgustes tanto la próxima vez"*. (Practicar una destreza para calmarse).

La **Instrucción Correctiva** también se puede usar durante la *Fase de Instrucción*. Las situaciones más apropiadas para usar la *Instrucción Correctiva* son cuando los comportamientos problemáticos iniciales del niño son tan perjudiciales que es necesario ocuparse de ellos o cuando los padres reconocen que el niño recurre a los estallidos emocionales para evitar consecuencias. En situaciones similares, se hace necesario aplicar una consecuencia negativa para mostrar al niño que los malos comportamientos graves y frecuentes sólo empeoran las cosas.

Este tipo de instrucción podría ser similar a esto: *"Me alegra que estés más calmado ahora. Antes, no dejabas de gritar ni ibas a tu habitación a calmarte cuando te lo pedía. Como no lo hiciste, tendrás que permanecer sentado en Tiempo Quieto durante cinco minutos*". Cuando el Tiempo Quieto se haya cumplido, el padre o la madre dice lo siguiente: *"Gracias por haberte sentado tan tranquilo durante el Tiempo Quieto. Ahora practiquemos qué puedes hacer la próxima vez que te sientas disgustado"*. (Uso del Tiempo Quieto).

La *Fase de Instrucción* permite a los padres ayudar a sus hijos a hacer cambios positivos después de tener estallidos emocionales. Cada vez que los padres instruyen a sus niños después de una situación de estallido emocional, los ayudan a comprender mejor que deben aprender a controlar sus emociones y que sus comportamientos no impedirán que sus padres terminen por enseñarles lo que necesitan aprender.

Claves para la Enseñanza del Dominio Propio

A continuación, incluimos algunas claves que debe tener presentes cuando use la *Enseñanza del Dominio Propio.*

- **Dele importancia al tiempo de inclusión.** Los padres deberían pasar tiempo con sus hijos haciendo cosas divertidas para que noten que los buenos comportamientos son los que logran que los padres pasen más tiempo con ellos y les dediquen más atención. Si los niños reciben el máximo de atención y tiempo de sus padres cuando están disgustados o tienen una rabieta, hay más probabilidades de que tengan esos comportamientos en el futuro sin importar a qué precio.

- **Conserve la calma.** Cuánto más calmos se mantienen los padres, más fácil les resulta calmarse a los niños pequeños. Use su Plan para Conservar la Calma.
- **Emplee todo el tiempo que sea necesario.** Calmarse no da buen resultado si se hace con apuro. Deles a sus hijos y también a usted todo el tiempo que necesiten para recuperar la calma.
- **Asegúrese de usar la *Fase de Instrucción*.** Según la opción que elija, esto lo ayudará a incentivar los avances, practicar más, desalentar futuras rabietas o alcanzar otra de sus metas de enseñanza.
- **Use razones para niños.** Se pueden usar razones para niños con la finalidad de mostrarles que las rabietas no son útiles y por qué es mejor calmarse rápido.
- **Planifique con anticipación.** Todos los niños (y padres), en ciertas ocasiones, se ven dominados por las emociones. Use la *Instrucción Preventiva* con frecuencia, a fin de preparar a su niño para que se desenvuelva con éxito en todas las situaciones. También úsela para practicar maneras de recuperar la calma.

Sugerencias Útiles

La parte más difícil de la Enseñanza del Dominio Propio es tener que usarla cuando las emociones de su hijo (y quizá las suyas) se desbocan. Como ayuda para manejar estas situaciones estresantes con eficacia, tenga presentes las siguientes sugerencias útiles:

Sea consciente de sus acciones físicas:

Lo que usted hace es, a menudo, más poderoso que lo que dice. Cuando intente ayudar a sus hijos a que encuentren el modo de calmarse, es importante que no los distraiga ni atemorice con expresiones faciales de enojo, tonos de voz elevados o gestos severos. Recuerde: todo lo que usted hace cuando está enojado da "permiso" a sus hijos a hacer lo mismo cuando ellos están enojados.

Busque cooperación:

Al igual que en la *Instrucción Correctiva*, use los elogios y el aliento para ayudar a los niños a resolver con éxito situaciones en las que han tenido problemas. Los padres pueden estimular a sus hijos por probar estrategias para calmarse, tomarse tiempo para recuperar la calma, calmarse más rápido de lo habitual, practicar durante la *Fase de Instrucción*, disculparse, aceptar consecuencias y hacer otro tipo de esfuerzos para encarrilarse

Tenga expectativas razonables:

Es normal que los niños pequeños, a veces, lloriqueen o sean testarudos. No espere una obediencia absoluta. Los niños están siempre desafiando los límites: forma parte de su desarrollo. Establezca límites anticipadamente y explique estas reglas con un lenguaje simple. La cantidad de reglas que establezca deberá aumentar con la edad de su hijo y su capacidad de comprender y poner en práctica los comportamientos. Algunos comportamientos malos menores se pueden simplemente ignorar. Otros se pueden encarar con tacto y firmeza, y se superan rápidamente. Pero no caiga en la exageración de esperar que su hijo haga algo que no es capaz de hacer.

Cuando haya un cambio de rutinas o reglas, hágaselo saber a su hijo con delicadeza; por ejemplo, si cambia la hora de cenar o la hora en que debe estar listo para acostarse. A los niños les gusta la comodidad de la rutina; por lo tanto, interrumpirla abruptamente puede causar rabietas. Decir, por ejemplo, "*Vamos a comer en diez minutos. ¿Por qué no empiezas a guardar los juguetes ahora?*" le da a su hijo la oportunidad de ajustarse a una nueva expectativa.

¿Qué hacer si nada parece funcionar? :

Si ha empleado con constancia y calma las técnicas de la *Enseñanza del Dominio Propio*, pero su hijo continúa teniendo rabietas frecuentes y violentas (en especial, si es mayor de cuatro años) o se ha lastimado a sí mismo o a alguna otra persona, hable con el pediatra para asegurarse de que no haya otros problemas físicos o psicológicos que desencadenen dicho comportamiento.

En Resumen

Responder a los estallidos emocionales de un niño nunca es una experiencia placentera. Sin embargo, es una parte inevitable de la crianza de los niños pequeños. Puede que estas situaciones sean pocas y espaciadas en su familia, o puede que sucedan más a menudo de lo que está dispuesto a reconocer.

Ya sea que desee hacer unas pequeñas correcciones a la manera en que maneja estas situaciones o necesite comenzar de nuevo, la *Enseñanza del Dominio Propio* puede ayudar. Su actitud calma y la instrucción pueden ayudar a sus hijos a hacer grandes avances en esta área. Algunos niños lo comprenden rápido, mientras que otros pueden necesitar más tiempo. Sea paciente y observe si hubo avances. Enseñe a sus hijos a conservar la calma y permítase hacer lo mismo. *La Enseñanza del Dominio Propio* puede ayudar con ambas cosas.

[1] Eisenberg, A. (1994).

Preguntas Frecuentes
acerca de la Enseñanza del Dominio Propio

P **"Cuando mi hija tiene rabietas, no deja de seguirme. ¿Qué debería hacer cuando estoy realmente enojada y necesito estar a solas?"**

R En un momento neutro, elabore un *Plan para Conservar la Calma* para usted. Use la Instrucción Preventiva para practicar lo que usted y ella harán para conservar la calma. Dígale que, si va a su lugar para calmarse, la escuchará antes. Preste atención a sus señales de alarma iniciales. Cuando ella comienza a alterarse, recuérdele lo que han acordado. Si no responde de manera apropiada, ponga su atención en otras cosas y espere con calma. Aplique consecuencias si continúa yendo detrás de usted. Finalmente, aprenderá que, mediante lloriqueos e intimidaciones, no logrará que usted le permita hacer lo que desee.

P **"¿Cómo puedo corregir a mi hijo por gritar cuando sé que sólo está imitando lo que hago yo cuando me enojo?"**

R Ser modelo de comportamientos, tanto positivos como negativos, influye mucho en los hijos. Dar un buen ejemplo es de gran ayuda para que los niños aprendan a manejar situaciones frustrantes. Los niños aprenden mucho mediante la observación. Por lo tanto, respire profundo y use otra estrategia para conservar la calma que lo ayude a controlar sus propias reacciones negativas. No se aprende a responder con calma de un día para el otro pero, con esfuerzo y un *Plan para Conservar la Calma* eficaz, podrá lograrlo. Mientras tanto, continúe usando la Instrucción *Correctiva y la Enseñanza del Dominio Propio* para lidiar con los malos comportamientos

"Mi hijo no reacciona con rabietas, simplemente se niega a hacer lo que le pido. ¿Está fuera de control? ¿Qué debo hacer?"

Sí. Está fuera de control. Cuando los niños se rehúsan a corregir su mal comportamiento, ya sea con actitudes agresivas (rabietas) o pasivas (esconderse bajo la cama), están fuera de control. Es importante darle a su hijo tiempo para que se calme. Compruebe con frecuencia si está dispuesto a cooperar. Cuando se haya calmado, enséñele una manera aceptable de expresar sus sentimientos y sugiérale diferentes palabras apropiadas para expresarse cuando esté enojado.

"¿Qué hago si mi hija tiene una rabieta a la mañana cuando tengo que ir a trabajar?"

Si se trata de un problema frecuente, es conveniente enfrentarlo en ese mismo momento. Llévela a un lugar seguro, dele instrucciones breves para que se calme y use el Tiempo Quieto como consecuencia. Luego continúe con su rutina matinal. No interactúe con ella hasta que esté calmada. Si tiene que conducir a la guardería o a la casa de la niñera, puede cumplir con elTiempo Quieto en el asiento del automóvil durante el viaje. Active el cronómetro y recuérdele por qué debe cumplir con elTiempo Quieto. Mientras continúa con su rutina matinal, hágala practicar cómo calmarse. Recuerde usar la *Instrucción Preventiva* y *la Instrucción Correctiva* para reducir la frecuencia de las rabietas.

"Cuando mi hijo de dos años se enoja, me golpea. ¿Qué puedo hacer?"

Golpear no está bien, aunque lo haga un niño de dos años. Dígale con firmeza *"Golpear lastima. No golpees."* Luego, llévelo a un lugar seguro y haga una pausa. Cuando la situación esté más tranquila, enséñele qué debe hacer, en lugar de golpear. Averigüe qué está frustrando a su hijo y preste atención a las señales de alarma iniciales que indiquen que está por pegarle. No responda con golpes para mostrarle que duele; esto sólo sirve de modelo para que el niño imite el tipo de comportamiento que usted está intentando detener.

CAPITULO 14

¡Todos Juntos Ahora!

Cómo Mejorar la Vida Familiar

E este libro, hemos hablado mucho de los altibajos de la vida en familia y de lo que podemos hacer, como padres, para ayudar a nuestros hijos a comportarse mejor. Esperamos que las lecciones de *La Crianza Práctica* sean útiles para enseñar a sus hijos las lecciones que deben aprender a medida que crecen.

Gracias a nuestros años de experiencia trabajando con padres de todo el mundo, sabemos que también quieren saber acerca de otros aspectos de la crianza que son importantes para ayudar a moldear la vida de los niños. Ciertas cosas, tales como iniciar tradiciones familiares, celebrar días festivos y acontecimientos especiales, establecer rutinas diarias, y enfatizar los valores familiares pueden mejorar la vida en el hogar para todos..

Creación de Tradiciones Familiares

Las tradiciones son una parte importante de la vida familiar. Ayudan a definir nuestra familia y le dan una identidad única. Las tradiciones son las reglas, rutinas, celebraciones y costumbres que hacen especial a cada familia.

> Algunos juguetes infantiles solían ser herramientas. Los cazadores filipinos usaban yoyós grandes para atrapar animales salvajes. En China, se volaban cometas con ciertos esquemas para comunicarse entre campamentos militares.

Ya sea con una comida especial o una manera única de festejar un día festivo, todos conocemos familias que hacen un trabajo maravilloso para celebrarse a sí mismas con sus tradiciones.

Las tradiciones también forman recuerdos de infancia y acercan más a los integrantes de la familia. Las tradiciones más antiguas ayudan a vincular generaciones, ya que se transmiten de abuelos a padres y de padres a hijos. Les dan a sus integrantes un sentido histórico de su familia. También se pueden iniciar tradiciones nuevas que luego se mantienen cuando los hijos crecen.

Las tradiciones familiares pueden tomar muchas formas diferentes. A la mayoría de nosotros, nos vienen a la mente recuerdos de días festivos cuando pensamos en ellas. Sin embargo, también incluyen otros tipos de celebraciones y actividades familiares. Las tradiciones de una familia son todo aquello que la hacen especial. En este capítulo, analizaremos cuatro tipos de tradiciones familiares: días festivos, acontecimientos especiales, rutinas diarias y valores familiares.

Celebración de Días Festivos y Acontecimientos Especiales

Las celebraciones de días festivos son el tipo de tradición familiar más común. Las familias los celebran de muchas maneras. Muchas invitan a otros parientes y amigos a una comida especial. Las tradiciones de días festivos también pueden ser asistir juntos a servicios religiosos, dar obsequios o hacer una salida juntos.

Los cumpleaños, los casamientos y los aniversarios son apenas algunos de los acontecimientos especiales que las familias celebran con tradiciones. Muchas familias también hacen celebraciones por otros acontecimientos especiales: hitos en la vida de los niños, como aprender a caminar, el primer día de escuela, la obtención de la licencia para conducir y graduarse de la escuela secundaria; y acontecimientos familiares importantes, como la llegada de un hijo, la compra de una casa o las vacaciones anuales en familia.

Cuando su familia celebre días festivos o acontecimientos especiales, no olvide hablar con sus hijos acerca de los detalles específicos de la celebración, tales como quiénes asistirán a una comida familiar o qué comidas se servirán. Asegúrese de que los niños ayuden con los planes y los preparativos de la celebración, ya sea poner la mesa o saludar a los invitados. Su objetivo debe ser hacerlos sentir una parte valiosa de su familia.

También hábleles de por qué la celebración es importante. Por ejemplo, a un niño muy pequeño, podría explicarle cómo se celebra la Navidad en su familia de la siguiente manera: *"Nuestra familia se reúne todos los años en Navidad. Es un día especial, así que queremos estar juntos"*.

A medida que los niños crezcan, puede ir dándoles más detalles acerca de cómo se iniciaron las tradiciones de su familia y por qué son importantes. Estos detalles ayudarán a que los niños comprendan las tradiciones, de modo que puedan continuarlas cuando sean adultos o las adapten a su propia vida a medida que envejecen. Las tradiciones vinculan a cada generación con el pasado.

Para algunas personas, los recuerdos de días festivos y acontecimientos especiales pueden no ser agradables. Si ese es el caso de su familia, intente establecer tradiciones nuevas con sus hijos para celebrar ocasiones especiales y darles un nuevo significado.

Los cambios en la vida familiar pueden exigir cambios en sus tradiciones. La muerte de un familiar, un divorcio, alguien que se vuelve a casar o la mudanza a una nueva casa podrían llevar a que la familia deba crear nuevas tradiciones o encontrar una manera diferente de celebrar las ya existentes.

Por ejemplo, una familia que conocemos se mudó a una ciudad alejada del lugar de residencia de sus parientes. Como no podían viajar siempre para pasar los días festivos con sus parientes, iniciaron una nueva tradición: invitar a amigos y compañeros de trabajo para celebrar compartiendo una comida.

La manera en la cual las familias celebran y honran este tipo de acontecimientos puede ser fuente de muchos recuerdos perdurables, hacer que las personas se sientan especiales y agrandar a la familia con personas muy cercanas. Piense en su infancia: ¿qué acontecimientos especiales recuerda?

A continuación, incluimos algunos ejemplos de tradiciones para celebrar días festivos religiosos o culturales:

- Asistir a servicios religiosos en familia.
- Organizar una comida con parientes y amigos en la que todos colaboren con algo.
- Preparar comidas especiales para celebrar la herencia religiosa, étnica o cultural de su familia.
- Realizar actividades especiales en el hogar en las que participen todos los integrantes de la familia: decorar la casa, preparar comida, comer juntos, mirar uno de los videos familiares preferidos o un especial de televisión por el día festivo, jugar juegos juntos, tomarse fotos en familia, etc.

- Programar salidas en familia: pueden ser salidas elaboradas, como ir a esquiar, o simples, como caminar por el parque, ir a un museo, o subirse al automóvil y salir a recorrer la ciudad para mirar las luces decorativas por el día festivo. Algunas ideas: búsquedas de huevos de Pascua, cantar villancicos, asistir a conciertos o picnics por el Día de la Independencia, hacer paseos de compras para las fiestas, etc.
- Pasar parte del día juntos como voluntarios en un comedor de beneficencia o un refugio para personas sin hogar, o hacer algún otro proyecto de servicio a la comunidad.
- Hablar con sus hijos acerca de su herencia étnica, cultural o religiosa en días festivos, tales como el Cinco de Mayo, Kwanzaa, el Día de San Patricio, Pascuas, Navidad, Janucá u otros.

A continuación, incluimos varias maneras de celebrar acontecimientos especiales en la vida de los integrantes de la familia.

Cumpleaños: la persona que cumple años puede elegir el menú de la cena. Mirar fotos de la celebración del año anterior.

Aniversarios: en su aniversario, miren el álbum de bodas, muestre a sus hijos fotos de su día especial y comparta recuerdos de cómo fue.

Logros especiales: celebre que empezó a enseñarle a su hijo a usar el inodoro, el primer día en el jardín de infancia, un día excelente en la clase de gimnasia, que su hija fue elegida para ser dama de honor o para llevar el anillo en una boda familiar, y otros logros. Para hacerlo, se puede tomar fotografías, servir una comida especial, salir a cenar o sólo hablar del logro y decir elogios.

Otras ocasiones: cuando se incorpora una nueva mascota a la casa, se puede organizar una reunión familiar para elegir el nombre. Para celebrar la mudanza a una casa o apartamento nuevos, se podría hacer un picnic en el piso el día de la mudanza.

Seguimiento de Rutinas Diarias

Créalo o no, las rutinas cotidianas también se pueden considerar tradiciones familiares. Existen muchas rutinas diarias que hacen especiales a las familias y forman recuerdos perdurables.

Pueden ser comer juntos, leer cuentos a la hora de dormir, tener un desayuno "especial" la mañana del sábado, decir oraciones a la hora de comer o acostarse, alquilar una película para toda la familia, y dar un beso a los niños cuando salen para la guardería o la escuela.

También podemos incluir hacer que los niños coman todas las verduras, que se descalcen cuando entran a la casa, que hagan la tarea antes de mirar televisión, que se laven las manos antes de cenar y que ayuden con las tareas domésticas.

A todas las rutinas regulares que dan identidad a una familia o la ayudan a vivir el día se las puede considerar tradiciones familiares. Estas rutinas ofrecen seguridad, ya que permite que los integrantes de la familia sepan cuándo algo es normal. Sienten que falta algo cuando una de estas costumbres no se cumple. Estos tipos de rutinas dan a los niños una sensación de comodidad y seguridad, y pueden ayudar a desarrollar hábitos positivos. Piense en algunas de las rutinas diarias de su infancia; quizá quiera usar algunas de ellas con sus hijos o iniciar nuevas tradiciones diarias.

A continuación, presentamos algunos ejemplos de tradiciones que pueden formar parte de las rutinas cotidianas.

Por la mañana: diga a todos *"los quiero"* antes de salir de la casa. Desayunen juntos. Si debe salir antes de que el resto de la familia desayune, deje una nota que diga *"¡Qué tengan un gran día!"* en la mesa de la cocina.

Por la noche: cenen juntos, dediquen tiempo a hablar sobre cómo fue su día, léales cuentos a la hora de dormir a sus hijos, miren un video juntos o lean juntos en silencio.

A la hora de comer: bendiga la mesa, siéntense a la mesa en lugares específicos, sirva una comida especial una noche determinada (por ejemplo, el viernes es noche de pizza), de vez en cuando deje a los niños elegir la cena.

Los fines de semana: disfruten de desayunos especiales los sábados o domingos por la mañana, deje que los niños lo acompañen a hacer los mandados, organicen una noche de juegos, salgan a caminar o andar en bicicleta juntos por la tarde, hagan una salida en familia, vayan a la biblioteca a buscar libros, etc.

Inculcación de Valores Familiares

Hemos descrito las tradiciones familiares como celebraciones o rutinas que hacen únicas a las familias, acercan a sus integrantes y, a veces, se transmiten de generación en generación.

"Limpiar la casa mientras los niños están creciendo es como despejar la entrada con una pala antes de que deje de nevar".

– Phyllis Diller

Los valores familiares puede ser otro tipo de tradición. Son aquellas creencias y costumbres que los integrantes de la familia consideran importantes. Les hacen recordar qué se espera y en qué cree firmemente la familia. Nos orientan y nos ayudan a tomar decisiones. Los valores familiares son los ideales que los padres desean legar a sus hijos.

Como ejemplos de valores familiares, podemos citar: la sinceridad, la integridad, el civismo, la bondad, la paciencia, la clemencia, el dominio propio, etc. Las familias incorporan sus valores a la vida mediante los actos de compartir, ayudar a otros, ir a la iglesia, planear y ahorrar para el futuro, pasar tiempo juntos, disculparse por errores cometidos, mostrar preocupación por los demás, dar lo mejor de sí, etc.

Estos valores les son *enseñados* a los niños (cuando escuchan a sus padres) y son *incorporados* por ellos (cuando miran a sus padres actuar). Piense en los años de su infancia: ¿qué valores le mostraron o intentaron inculcarle sus padres?

En Resumen

Piense en las tradiciones y las rutinas diarias como una manera de celebrar a su familia. Las actividades que elija no tienen que ser elaboradas. Lo importante es que se unan como familia.

Creemos que una buena manera de ayudarlo a recordar la importancia de las celebraciones simples es relatarle la historia que nos contó una amiga acerca de uno de los recuerdos de infancia más marcados en su memoria: el día de verano, décadas atrás, en el que su madre preparó limonada y sándwiches de mantequilla de maní, y llevó a sus dos hijos al jardín trasero para disfrutar de un picnic espontáneo.

Nuestra amiga todavía recuerda cómo fue sentarse en el suelo y sentir la hierba punzante bajo un cubrecama, comer su sándwich y sentir el calor del sol en su rostro.

Esa madre tenía la cualidad de hacer de lo simple algo extraordinario. Creemos que de eso se trata la creación de tradiciones: la capacidad de formar recuerdos maravillosos y celebrar sin perderse en la celebración.

That mother had a knack for making the simple remarkable. We think that's the whole idea around creating traditions – the ability to create wonderful memories and celebrate without getting lost in the celebration.

CAPITULO 15

Cuestión de Rutina

Aprender a Usar el Inodoro, Viajes, Hora de Acostarse y Comidas

Aprender a usar el inodoro, cómo comportarse en las salidas y seguir las rutinas correspondientes a la hora de comer y de acostarse son sólo algunas de las destrezas esenciales que los padres quieren que sus hijos aprendan, pero con las cuales los niños pequeños pueden tener dificultades. En este capítulo, proporcionaremos información y algunas ideas útiles relacionadas con estos temas.

Aprender a Usar el Inodoro

Para aprender a usar el inodoro hay que practicar. Usted puede hacer que su hijo practique, pero él es quien decidirá finalmente cuándo estará listo para comenzar a usar el inodoro.

Antes de iniciar un programa de prácticas, es necesario que determine si su hijo está listo para aprender a usar el inodoro por su cuenta.

Hable con el pediatra para que lo aconseje acerca de cuándo y cómo comenzar a practicar el uso del inodoro. Además, tenga las siguientes preguntas en cuenta, ya que lo ayudarán a determinar si su hijo tiene la madurez física y la capacidad mental para iniciar el proceso:

- ¿Es consciente mi hijo de cómo funciona su cuerpo?
- ¿Comprende qué significa ir al baño?
- ¿Sabe cómo vestirse y desvestirse?
- ¿Tiene la capacidad física de controlar la vejiga y los intestinos?
- ¿Puede seguir instrucciones y hablar con claridad?

Haga que la instalación del adaptador infantil para inodoro sea una gran ocasión. Muéstrele a su hijo cómo usarlo y háblele de lo estupendo que es. Cuando esté listo para comenzar a practicar, trate de que el proceso no sea atemorizante ni ejerza presión.

Al comienzo, deje que su hijo use el adaptador tanto, o tan poco, como lo desee. También puede usar un cuadro de mérito con calcomanías o algún otro sistema para medir los intentos, los avances y los logros.

Recuerde que cada niño necesita su propio tiempo para aprender esta lección. Algunos aprenden con facilidad, mientras que otros necesitan mucho tiempo, práctica y supervisión. Cualesquiera sean los métodos que decida usar, asegúrese de hacerlo sin apuro y tener mucha paciencia. No olvide elogiar los intentos y recompensar los avances. Los padres y los hermanos mayores también pueden actuar como guías alentándolos y hablándoles sobre cómo funciona este acontecimiento especial.

Su principal responsabilidad en la práctica es proporcionar las herramientas adecuadas, como un adaptador seguro que a los niños les resulte fácil usar. Procure que el niño pueda desvestirse con facilidad durante la práctica; para ello, vístalo con ropa interior que sea fácil de bajar y subir.

Además, es recomendable pensar en cosas que incentiven a los niños a usar el inodoro; por ejemplo, leer libros especiales, tener juguetes que se utilicen únicamente cuando debe ir al baño o hablar sobre las ventajas de practicar usar el inodoro. Estas ventajas pueden ser la posibilidad de pasar más tiempo fuera de casa sin preocuparse por los pañales.

Consejos para las prácticas nocturnas:

Los padres se preguntan, a menudo, cómo deben enseñar a sus hijos a despertarse durante la noche para ir al baño y evitar mojar la cama. Algunos se concentran en la práctica diurna primero y, luego, trabajan en la práctica nocturna.

Para comenzar con la práctica nocturna, se puede usar la *Instrucción Preventiva* y practicar despertando al niño durante las siestas diurnas. Luego, el siguiente paso puede ser despertarlo a cierta hora cada noche para que vaya al baño. Recuerde que es importante tener mucha paciencia y ser generoso con los elogios. Si el niño continúa mojando la cama después de los seis años, los padres deben pedir consejo al pediatra.

Elogie los éxitos:

Una vez que su hijo haya aprendido a usar el inodoro, ¡celebre! Se lo merece. Puede llamar a los abuelos y contarles del logro. Si el padre o la madre han estado en el trabajo o fuera de la casa un día en que la práctica fue exitosa, cuando regrese, haga que su hijo le cuente la buena noticia con todos los detalles. O haga una ceremonia de despedida de los pañales y de elección de los nuevos pantalones de práctica decorados con personajes de dibujos animados o personajes de acción.

Espere que se produzcan accidentes:

Cuando se produzca algún accidente, no haga un escándalo ni haga comentarios negativos. Sólo dígale a su hijo cómo puede enmendar la situación o rehacer lo que hizo mal, y elógielo por el esfuerzo. Es un error convertir la práctica de uso del inodoro en algo terrible que produzca pavor a los padres y que los niños quieran evitar. En cambio, haga de ella un acontecimiento especial, con todos sus altibajos, que se convierta en una meta importante que su familia alcance en conjunto.

Viajes

Con un poco de enseñanza, planificación y creatividad, puede llevar a sus niños pequeños a hacer compras o a otras salidas, y no tener que preocuparse por problemas de comportamiento.

"Está de más decir que nunca se deberían tener más hijos que ventanas en el automóvil".

– Erma Bombeck

En primer lugar, antes de dirigirse hacia la puerta, hable del viaje con sus hijos. Aunque sólo vaya a la tienda a comprar pocos artículos, dígales, de manera simple, qué hará en la tienda y cómo espera que se comporten.

Diga, por ejemplo: *"Luz, vamos a ir al centro de compras unos minutos a recoger el obsequio de cumpleaños de la abuela. No tendremos tiempo de detenernos en ninguno de los otros negocios; así que no pidas que lo hagamos, por favor. La próxima vez, nos quedaremos más tiempo"*.

Otra manera de hacer más fácil el viaje de compras es convertirlo en un juego. Lo podría llamar "Desafío en la tienda". El juego funciona así: Lleve, en el auto, un pequeño cronómetro de cocina. Ajústelo en un tiempo razonable, según lo que necesite hacer en la tienda. Dígales a sus niños, por adelantado, que su rol en el juego es entrar con usted lo más rápido y tranquilos que puedan sin tocar nada ni pedirle que les compre algo.

El juego se pone interesante cuando intentan vencer al reloj y sus hijos tratan de comportarse de manera apropiada. Si todos regresan al automóvil antes de que se termine el tiempo y nadie se comportó mal, puede ofrecerles un bocadillo especial.

Puede usar un tipo de juego similar para favorecer el buen comportamiento en viajes largos en automóvil. Como preparación para viajes largos, refuerce el buen comportamiento en varios viajes más cortos. Use las técnicas de la *Instrucción Preventiv*a para enseñarles qué comportamientos quiere que tengan.

Usted y sus hijos tendrán más confianza y comodidad para realizar viajes cuando todos practiquen métodos para disfrutarlos más.

A continuación, incluimos otros consejos para disfrutar más los viajes con niños pequeños:

Observe los signos de fatiga:

Cuando los niños están cansados, disminuye su capacidad para seguir instrucciones y comportarse bien. Haga una pausa o regrese a casa cuando note que sus hijos están cansados o usted está agotado.

Lleve los suministros necesarios:

Sean pañales, juguetes, libros, vasos con tapa y sorbete, o bocadillos para la tarde, asegúrese de llevar todo lo que necesite para sustentar a niños pequeños en viajes cortos o largos.

Haga que sus hijos sean sus compañeros de viaje:

Sus hijos pequeños son sus compañeros en el viaje, aunque sólo se trate de ir a comprar leche. Hable con ellos en el automóvil y conversen acerca de los artículos que vean en la tienda. Hágales preguntas. Escuche lo que tienen para decir, tal como lo haría con un compañero de viaje adulto. Señale cosas interesantes a lo largo del camino. Convierta el viaje en una oportunidad de pasar juntos momentos divertidos.

Rutinas para la Hora de Acostarse

La hora de ir a la cama puede ser una lucha para algunas familias. Hay niños que tienen dificultad para ir directo a la cama, mientras que otros pueden tener problemas para quedarse en la cama cuando ya han dado las buenas noches. Establecer una rutina para la hora de acostarse es una manera de guiar con delicadeza a los niños en lo que puede ser un momento difícil del día.

En primer lugar, determine qué tareas deben formar parte de la rutina, tales como tomar un baño, cepillarse los dientes o leer un cuento antes de dar las buenas noches. Luego, defina cuánto tiempo lleva completar esas tareas. A continuación, establezca un programa para que esas tareas estén listas todas las noches antes de que llegue la hora de acostarse. Algunas familias las programan una después de la otra y justo antes de que el niño deba ir a dormir. Otras las distribuyen a lo largo de la noche.

Si nunca ha usado un programa de tareas, hable con sus hijos acerca de cómo funcionará y responda a las preguntas que quieran hacerle. Hágalos saber que se trata del programa de tareas que todos seguirán y asegúrese de que así sea.

No se sorprenda si, al principio, los niños desafían los límites y recurren a maniobras dilatorias para quedarse hasta tarde, discuten o, simplemente, no cumplen el programa. Mantenga la calma y ayúdelos a concentrarse en lo que deberían estar haciendo para cumplir el programa. Por ejemplo, podría limitarse a redirigir a su hijo con este enunciado: *"No vamos a hablar de eso ahora. Ven conmigo. Vamos a cepillar esos dientes"*.

Una manera de que todo vaya mejor a la hora de ir a la cama es dar a sus hijos sólo una o dos instrucciones a la vez, en lugar de recitar una larga lista de tareas.

Uno de cada diez niños es zurdo.

Otra buena idea para quitarle dramatismo a este momento del día es seguir la rutina hasta el final una vez que se le da comienzo. Evite el uso del teléfono y otras distracciones que puedan apartarlos a usted y sus hijos de las tareas. Puede que, a veces, sea imposible evitar las interrupciones, pero haga cuanto pueda para que todos sigan avanzando hacia la misma meta.

Más allá de cómo arme el programa de tareas, recuerde que los niños responden con más entusiasmo a las rutinas cuando los padres participan y los estimulan, cuando ellos pueden dar su opinión en algunas actividades, y cuando la rutina es placentera en su mayor parte.

Algunas familias usan un juego de relevos para iniciar el programa de rutinas para ir a la cama. Los niños verán estos relevos como un juego divertido en el que participa toda la familia, y los padres darán pasos importantes para que los niños queden listos para ir a acostarse.

Funciona así: después del postre, cree un relevo de cepillado de dientes. Cada integrante de la familia debe cepillarse los dientes dos minutos. Use un cronómetro para controlar los tiempos. Comienza una persona y, cuando el tiempo se termina, uno de los hermanos o uno de los padres hace el relevo, y así continúa hasta que todos se hayan cepillado los dientes. El que tenga el último turno comienza un nuevo ciclo en el cual hay que ponerse el pijama, abrir la cama, dar un beso de buenas noches u otras tareas. Cuando el juego termina, todos están listos para acostarse. A los niños les gusta porque parece que están jugando. Además, ayuda a establecer la rutina.

A continuación, incluimos otras sugerencias para tener un programa de rutinas para ir a la cama exitoso:

- **Siga la misma rutina todas las noches,** aunque cuando están de viaje.
- **Evite los juegos físicos o bruscos** con niños pequeños antes de prepararse para ir a dormir.
- **Baje las luces y apague el televisor** para indicar que la noche está terminando. Ponga música tranquila y relajante.
- **Lea libros de cuentos** como parte de la rutina para ir a dormir. Haga de los cuentos un incentivo para prepararse para ir a la cama. Diga: *"Si te pones el pijama y te cepillas los dientes rápido, tendremos tiempo para un cuento"*.

Cómo mantener a los niños en la cama:

Hasta ahora, hemos hablado de métodos para hacer que los niños vayan a dormir. Ahora, veamos algunas ideas para que se queden en la cama.

Cuando los niños han adoptado el hábito de levantarse de la cama con frecuencia, y los padres no los han corregido de inmediato, puede que no sea fácil cambiar repentinamente ese comportamiento. Establecer límites que exijan a sus hijos permanecer en la cama es el primer paso hacia el cambio. Los padres también pueden crear una rutina que haga que, de a poco, los niños vuelvan a la cama por su cuenta.

Una forma de hacerlo es ayudando a su hijo a crear un “semáforo” de cartulina. Corte un rectángulo de papel que servirá de caja del semáforo; luego, corte tres círculos verdes y uno rojo para las luces. Coloque cinta de enmascarar en la parte trasera de las luces verdes para que se puedan adherir y quitar con facilidad de la caja del semáforo. La luz roja se puede pegar a la caja para que se mantenga adherida.

Dígales a sus hijos que, una vez que se hayan acostado, tienen permiso para levantarse sólo tres veces para hacer ciertas cosas, tales como tomar agua, dar un beso extra de buenas noches o ir al baño. Cada vez que se levanten, deben llevarle una de las luces verdes que quiten del semáforo. Los padres deben decir lo mínimo posible y llevar rápidamente al niño a su dormitorio mientras se estén usando las luces verdes.

Cuando quedan más luces verdes, los niños no deben volver a levantarse. La luz roja que queda en el semáforo les indica que deben permanecer en la cama. En este punto, los padres pueden decir: *"La luz roja está encendida. Eso quiere decir que debes quedarte en la cama*". (Por supuesto que, si lo niños se asustan o se sienten mal, debe reconfortarlos y no usar el juego del semáforo).

El sonambulismo es más común en los niños que en las niñas y suele tener un componente hereditario.

Cuando los niños se manejen mejor con el juego, puede limitar las luces verdes a dos o sólo una. Asegúrese de estimularlos a lo largo del proceso y celebre cuando comiencen a quedarse en la cama.

Los padres pueden proporcionarles objetos (un pequeño libro para dormir, un animal de peluche preferido, un reloj a cuerda, una manta suave especial o algún otro objeto seguro) que los niños pueden usar para volver a dormirse. Otro método simple es decirles que deben quedarse acostados, aunque no necesariamente dormir. Eso les da la opción de elegir cuándo dormir y crea límites con respecto a dónde y cómo dormir solos.

Cómo manejar los temores nocturnos:

A veces, el sueño de los niños se ve interrumpido porque hablan durante el sueño, tienen sonambulismo, o padecen temores nocturnos o pesadillas. Los padres de los niños que tienen estos problemas deben proponerse eliminar las actividades vigorosas y las causas de agitación a la hora de acostarse.

En estos casos, es muy importante establecer una rutina regular. Usar cerraduras de seguridad y portones, y practicar técnicas de relajación también puede ser útil. No permita que su hijo mire programas de televisión violentos o de mucha acción antes de ir a dormir. La música suave y los libros pueden ser excelentes herramientas para calmar las imaginaciones activas de los niños.

Los padres deberían saber que no es algo fuera de lo común que los niños pequeños tengan estas interrupciones del sueño y que, probablemente, las superarán con el tiempo. Conserve la calma y, para reconfortar a su hijo, permítale que comparta sus sentimientos y temores cuando esté totalmente despierto. Si las interrupciones se hacen más frecuentes o intensas, es recomendable que consulte al pediatra.

Rutinas para la Hora de Comer

La hora de comer puede ser un momento estresante para las familias. Los hábitos alimenticios cambiantes y el rápido crecimiento de los niños pequeños causan, con frecuencia, modificaciones en las preferencias de comidas. Al mismo tiempo, muchos niños pequeños están aprendiendo que pueden tomar decisiones por su cuenta y han aprendido que la hora de comer les da oportunidades de ejercitar su independencia y explorar sus límites. Por lo tanto, es importante establecer reglas y rutinas para la hora de comer que ayuden a toda la familia a disfrutar la ocasión de reunirse y compartir una comida nutritiva y saludable.

Dentro de las rutinas para la hora de comer, podríamos mencionar las siguientes: servir las comidas a la misma hora todos los días, alentar los buenos modales, comer alimentos de todos los grupos alimenticios y probar comidas nuevas. También podría ser que cada integrante de la familia se encargue de tareas específicas para llevar la comida a la mesa y limpiar una vez finalizado el almuerzo o la cena.

En el caso de los niños pequeños, una manera de fomentar los buenos modales para comer es usar los dedos para contar qué tan a menudo usan buenos modales. Por ejemplo, si un niño pide con cortesía que le pasen algo, eso contaría como un punto (levante un dedo). Si el niño suma diez puntos durante una comida (un dedo por cada uso de buenos modales), podría ganarse el privilegio de mirar un video o comer un postre especial. Cuando los niños se concentran en jugar este juego de los buenos modales, pueden volverse más cooperadores en la mesa.

Otra manera divertida de crear una rutina para la hora de comer es dejar que sus hijos sean ayudantes de cocina. Ya sea que ayuden a poner la mesa, elijan las verduras que les gustan, revuelvan su comida favorita, limpien después de comer con la ayuda de uno de sus padres o, simplemente, llamen a los demás a comer, su participación puede ayudar a los niños a comprender que son una parte importante de la rutina para la hora de comer.

Use muchos elogios a la hora de comer e intente evitar los ciclos de discusión; para ello, planifique y practique con anticipación qué sucederá sistemáticamente cuando los niños participen o no en las rutinas diarias correspondientes a este horario.

Haga hincapié en comer sano en todas las comidas y sirva a los niños bocadillos sanos, como frutas o verduras, entre comidas.

CAPITULO 16

Usemos Todo lo que Aprendimos

Su Propio Plan de Crianza

Este libro es más que una colección de capítulos individuales sobre cómo criar a los niños pequeños. Todas las destrezas que ha aprendido con este libro están pensadas para funcionar en conjunto. Si bien son magníficas herramientas de crianza en sí mismas, funcionan con mayor eficacia cuando forman parte de un abordaje de crianza que las emplea todas juntas.

Por ejemplo, los *Elogios Eficaces* son una herramienta maravillosa para estimular a sus hijos a hacer cosas que a usted le gustan. Sin embargo, no es una destreza para responder a comportamientos problemáticos. *La Instrucción Correctiva* funciona mucho mejor para este fin. Estas dos destrezas deben funcionar juntas para enseñar con claridad a los niños los comportamientos que deben y no deben tener y para elogiarlos por los pasos que den en la dirección correcta.

El objetivo de este capítulo es mostrarle claramente cómo puede usar todo lo que ha aprendido con este libro para desarrollar un estilo de crianza que le permitirá disciplinar y cuidar, de manera positiva y eficaz, a sus hijos. A esto lo llamaremos su Plan de Crianza Práctica. Antes de interiorizarnos en cómo crear este plan, hay algo importante que necesitamos tener en cuenta.

Comenzando con los *Elogios Eficaces* y continuando hasta la *Enseñanza del Dominio Propio*, usted ha aprendido destrezas de crianza que le dan la capacidad de manejar la mayoría de los problemas disciplinarios infantiles que enfrentan los padres todos los días. Sin embargo, estas destrezas son sólo herramientas de disciplina. Los verdaderos cimientos de la crianza están formados por otros elementos: el amor incondicional, la comprensión del desarrollo infantil y el cultivo de las relaciones con nuestros hijos. Analicemos brevemente cada uno de ellos:

> "Cuando se ayuda a un niño hoy, se escribe la historia del mañana".
>
> – Padre Flanagan

Amor incondicional:

El amor incondicional por nuestros hijos es la piedra angular de la crianza. Proporciona un entorno en el que puede tener lugar el aprendizaje. Los niños necesitan sentirse seguros para intentar cosas nuevas, aunque eso implique que, en algunas ocasiones, fracasen. Necesitan saber que son amados y valorados por quiénes son, no por lo que hacen. Necesitan saber que pertenecen a la familia y que son aceptados, aunque no sean perfectos. El amor incondicional de los padres les envía estos mensajes. La disciplina funciona mejor cuando la aplica un adulto que ame a los niños, con el fin de instruirlos.

Comprensión del desarrollo infantil:

Comprender cómo crecen y aprenden nuestros hijos nos ayuda a saber qué es razonable esperar de ellos y cuándo están listos para recibir nuestras enseñanzas. Las destrezas incluidas en este libro tienen mayores probabilidades de ser eficaces si se las ajusta, de manera apropiada, al desarrollo físico y emocional de su hijo. Recuerde que las claves para impartir enseñanzas a los niños pequeños son la repetición, la constancia y la paciencia.

Cultivo de las relaciones:.

Cultivar las relaciones con nuestros hijos puede ser la mejor forma de utilizar el tiempo del cual disponen los padres. Es muy fácil que las tareas domésticas, la televisión, el cuidado del jardín y el asegurarse de que se cumplan las reglas ocupen nuestra atención. Sin embargo, estas cosas no son tan importantes como sí lo son nuestros hijos. Siempre podemos dejar las tareas domésticas y de la casa para otro momento. Ciertos asuntos, tales como practicar el uso del inodoro, el desorden en las habitaciones de los niños y los líos a la hora de bañarse, también van y vienen. Con el tiempo, los niños dejan de usar pañales, aprenden a comer y vestirse solos, y se encargan de muchas de sus necesidades. Puede que algunos problemas duren más, pero incluso esos tienden a desaparecer cuando nuestros hijos se convierten en jóvenes adultos y se enfrentan al mundo por sus propios medios.

La única parte de la crianza que realmente perdura es la relación con nuestros hijos. Comienza antes del nacimiento y continúa durante mucho tiempo después de que hayan crecido y dejado el hogar. Las relaciones firmes nos ayudan a apreciar los momentos buenos y a superar los difíciles. Sin embargo, las relaciones no se forman por arte de magia.

Para que las relaciones sean firmes, deben basarse en compromisos y experiencias compartidas. Exigen tiempo. No hay momento que pasemos con los niños que no sea importante. Cada cuento que les leemos a la hora de dormir, cada beso en la mejilla y cada salida al parque ayudan a cultivar la relación entre el niño y su progenitor.

Las relaciones también se cultivan por la manera en que disciplina a su hijo. Esto sucede cuando lo elogia con frecuencia, le enseña a tener éxito, establece límites apropiados para él y conserva la calma cuando él no lo hace. La manera en que disciplina a su hijo puede mostrarle cuánto le importa.

Cada día, todos disponemos de la misma cantidad de tiempo para usar. Empléelo bien y use tanto como pueda en las cosas que tienen una importancia duradera, incluida la relación con su hijo.

Plan de Crianza Práctica

Ahora que ya hemos colocado los cimientos, pasemos a la creación de un plan para impartir enseñanzas, de manera eficaz, a nuestros hijos.

Paso 1: Identifique el problema

Paso 1: Identifique el problema

Si bien un plan de crianza puede comenzar con la enseñanza de nuevas destrezas y rutinas, o con el fortalecimiento de las existentes, dichos planes se crean, por lo general, debido al comportamiento problemático del niño.

Antes de que pueda producirse un cambio, los padres deben, en primer lugar, identificar con claridad el problema. Esto significa elaborar una descripción clara de lo que el niño hace o dice, y qué desean cambiar los padres. Para comenzar a desarrollar un *Plan de Crianza Práctica* propio, piense en un problema de comportamiento infantil que le gustaría cambiar y escríbalo en una hoja de papel con el título *"Mi Plan de Crianza Práctica"* (al final de este capítulo, se incluye un modelo de *Plan de Crianza Práctica* para darle ideas acerca de cómo crear el suyo).

Paso 2: Enseñe alternativas.

El segundo paso de su plan es identificar cómo le gustaría que se comportara su hijo. Por lo general, enseñar algo de forma específica o hacer un cambio en una rutina puede ayudar a que las cosas salgan mejor. La enseñanza puede concentrarse en una tarea o destreza social específica que le gustaría que su hijo realizara o pusiera en práctica.

Piense en una o dos cosas que podría enseñar y que ayudarían a su hijo a desempeñarse con éxito en la situación problemática que usted identificó. En su hoja de *Plan de Crianza Práctica*, escriba cómo podría enseñarle esto a su hijo mediante el uso de la *Instrucción Preventiva.*

Paso 3: Estimule los cambios positivos.

Cuando comience a enseñarle a su hijo a obtener mejores resultados, el próximo paso será seguir estimulándolo para que los cambios continúen. Para hacer esto, se pueden usar los *Elogios Eficaces* cuando el niño muestre avances o intente hacer mejor las cosas.

Recuerde que, para los niños, los cambios pueden ser difíciles. Es posible que también necesite usar recompensas ocasionales para incentivar a su hijo a seguir intentando hacer las cosas mejor o a mantener los cambios que ya se produjeron. En su hoja de *Plan de Crianza Práctica,* escriba cómo podría usar los *Elogios Eficaces* y las recompensas para fomentar los cambios positivos en el comportamiento de su hijo.

Paso 4: Corrija los errores.

Más allá de lo bien que enseñemos e incentivemos a nuestros hijos para que les vaya mejor, es probable que, de todos modos, sigan cometiendo algunos errores antes de comenzar a mejorar. Cuando esto ocurre, puede usar la *Instrucción Correctiva* junto con una consecuencia negativa para poner fin al comportamiento problemático y enseñar a sus hijos cómo hacer las cosas mejor la próxima vez.

En su hoja, escriba cómo podría usar la *Instrucción Correctiva* si su hijo continúa teniendo el comportamiento problemático y qué consecuencias negativas pueden ser eficaces para ayudarlo a concentrarse en los comportamientos positivos.

Paso 5: Elabore un Plan para Conservar la Calma.

En el caso de algunos comportamientos, las cosas parecen empeorar, en lugar de mejorar. Los niños pequeños se enojan, avergüenzan y frustran con facilidad cuando se los corrige o cuando intentan aprender algo nuevo. Los padres también se pueden frustrar o enojar cuando los cambios tardan en producirse.

Para ayudar a asegurar que las emociones no se interpongan en su enseñanza, es posible que necesite combinar su *Plan para Conservar la Calma* con la destreza de

Enseñanza del Dominio Propio. En su hoja, escriba cómo se pueden calmar usted y su hijo si las emociones se desbocan, debido al comportamiento problemático que ha identificado.

Sugerencias Útiles

¡Eso es todo! Ahora ha creado un plan sensato para cambiar situaciones problemáticas relacionadas con su hijo. Haga de él una guía que lo ayude a enseñar a su hijo, de manera determinada y tranquila, a hacer cambios positivos en esta área problemática. Use un plan como este para otros comportamientos problemáticos del niño. Para que su plan sea más eficaz, recuerde las siguientes sugerencias útiles:

Sea constante:.

Los niños pequeños aprenden mejor con la repetición y la constancia. No hay que ser Einstein para aplicar una crianza eficaz. Al contrario: sólo hay que tener unas pocas cosas sencillas en cuenta y hacerlas con constancia. Use las destrezas de *La Crianza Práctic*a como ayuda para enseñar a sus hijos, con constancia, las lecciones que necesitan aprender.

Concéntrese en lo positivo:

Las lecciones que crecen en el terreno fértil del incentivo duran más que aquellas que luchan en el terreno rocoso de la crítica. Detecte los avances de su hijo y sus intentos de hacer las cosas bien. Corregir comportamientos problemáticos siempre formará parte de la crianza. Los elogios y los incentivos sólo se convierten en una parte eficaz de la crianza si usted los incluye intencionalmente.

Use la creatividad:

> "Los niños necesitan amor, en especial, cuando no lo merecen".
>
> – Harold Hulbert

Criar niños pequeños debería ser divertido y emocionante. Busque oportunidades de hacer que los acontecimientos cotidianos sean especiales y reafirmantes para usted y su hijo. Practique con juegos y simulaciones, mire las cosas desde el punto de vista de su hijo y deje que él le enseñe algo a usted. Otras maneras creativas de enseñar son, entre otras, hacer canciones que relaten sus expectativas, usar el humor, y usar cuadros de méritos o calcomanías para hacer un seguimiento de los logros alcanzados. Este tipo de ideas también pueden ayudar a reducir el estrés, aumentar la motivación y fortalecer la relación con su hijo. Cuando los problemas persisten, no tema intentar abordajes nuevos o buscar ayuda de otras personas. Hable con el personal de la guardería o el jardín de infancia, lea otros libros sobre crianza, observe a otros padres, o llame a amigos o parientes.

Obséquiese una recompensa:

Algunas de las mayores dificultades de criar niños pequeños están relacionadas con sentir que uno trabaja demasiado, que no se lo aprecia como corresponde y que está solo. Criar niños pequeños es una gran responsabilidad. A veces, el trabajo que exige hace difícil ver la dicha y los beneficios que brinda. Los niños pequeños no comprenden qué significa tener un día difícil en el trabajo, preocuparse por pagar las cuentas o que se acumulen las tareas domésticas. Ellos sólo quieren jugar. Es fácil para los padres hacer que estas cosas sean el centro de atención de la vida cotidiana. Luego, cuando se dan cuenta, no han hecho nada para ellos mismos en mucho tiempo.

Tal como sucede con los automóviles: no se puede seguir por mucho tiempo con el tanque vacío. ¿Qué puede hacer para recargar su tanque? Tómese unos minutos para pensar qué puede ayudarlo a sentirse con energía, con esperanza o apreciado. A continuación, incluimos algunas ideas:

- Disfrutar un buen baño de espuma.
- Salir de noche con el cónyuge.
- Asistir al servicio religioso para adultos sin los niños.
- Ver una película con amigos.
- Comprar ropa.
- Cenar fuera (sin los niños).
- Ir a un partido de béisbol.
- Ir al teatro o al cine.
- Usar platos descartables para no tener que lavarlos.
- Dedicar tiempo a un pasatiempo o a un deporte.

- Ejercitarse.
- Levantarse tarde.
- Vestirse sin que haya niños alrededor.
- Salir a hacer una caminata.
- Escuchar música (la que uno prefiera).
- Tener tiempo para leer.
- Turnarse con otros padres para cuidar a los niños.
- Usar los servicios de "Día libre para las mamás" que ofrecen algunas iglesias.
- Pedir que parientes o amigos cuiden a sus hijos con regularidad.
- Jugar al golf o a las cartas con amigos.

Seleccione algunos puntos de esta lista para crear la suya. Puede elegir hacer algunas actividades con toda la familia o disfrutar de otras por su cuenta o con otros adultos. Haga un plan para incluir algunas de estas ideas en su cronograma.

Úselas como recompensa para usted por cumplir con su Plan de Crianza Práctica o simplemente porque necesita una pausa de vez en cuando. Sea cual sea la manera en que decida incluir estas actividades en su cronograma, hay algo que debe hacer sí o sí: incluirlas. Todos los padres necesitan un estímulo, algo que esperen con ganas o alguna manera de reducir el estrés de la vida cotidiana. Identifique varias maneras de satisfacer estas necesidades y conviértalas en un elemento habitual de su vida. Tanto usted como sus hijos se beneficiarán.

En Resumen

Esperamos que, a medida que aplique las destrezas incluidas en este libro, comience a ver cambios positivos en sus hijos y en usted mismo. ¿Desaparecerán el estrés y los problemas asociados a la crianza? ¿Tendrá la respuesta perfecta para cada problema que surja? Por supuesto que no. Ningún programa de crianza puede prometerle eso.

Sin embargo, tenemos confianza en que las destrezas que haya aprendido puedan ayudarlo con la mayoría de los problemas diarios que enfrente. ¿Por qué tenemos tanta confianza? Por dos razones: la primera es que hemos visto funcionar bien estas destrezas en familias como la suya. Según informan los padres que usan las destrezas aprendidas en *La Crianza Práctica*, sus hijos tienen menos problemas de comportamiento; además, nos dicen que se sienten más satisfechos con su familia y su rol de padres.

La segunda razón de nuestra confianza es **¡USTED!** Los padres de niños pequeños están entre las personas más asombrosas que conocemos. Habitualmente, exhiben algunas de las cualidades de crianza más maravillosas, incluidos el amor, el compromiso, la atención, la preocupación, la paciencia, la capacidad de escuchar, la voluntad de sacrificarse, el humor, la creatividad, la flexibilidad, la emoción por los logros del niño, la capacidad de perdonar los errores y la voluntad de aprender.

Es cierto que las destrezas que se presentan en este libro son eficaces para criar niños pequeños. Sin embargo, de poco sirven sin usted y su compromiso hacia sus hijos. Las cualidades que usted aporta a la crianza son lo que realmente marca una diferencia en la vida de su hijo. Esto es así cuando sus hijos son pequeños y, también, cuando se convierten en adultos.

Celebre los logros de sus hijos y los hitos que alcancen. Usted es una razón importante de cada logro. No se desanime por las contrariedades y las dificultades. Recuerde que, mientras participe en la vida de sus hijos, tendrá la oportunidad de ayudar a convertir las contrariedades en logros futuros. Continúe disfrutando de sus hijos y permítales a ellos disfrutar de usted.

Modelo de Plan de Crianza Práctica

Paso 1: Identifique el problema.

Un comportamiento de mi hijo que me gustaría cambiar:

Deja los juguetes en la sala de estar.

Paso 2: Enseñe alternativas.

Algo que podría cambiar y que ayudaría a resolver el problema:

No permitir juguetes en la sala de estar; permitirlos únicamente en la habitación o el cuarto de juegos.

Dos cosas que podría enseñar a mi hijo y que ayudarían a resolver el problema:

Seguir instrucciones cuando se le pide que recoja los juguetes.

Pedir permiso para sacar los juguetes antes de llevarlos a la sala de estar.

Paso 3: Estimule los cambios positivos.

Avances o intentos positivos por los que podría elogiar a mi hijo:

Decir "de acuerdo" cuando se le pide que recoja los juguetes.

Conservar la calma cuando se le pide que recoja los juguetes.

Recoger algunos de sus juguetes.

Aceptar una consecuencia negativa cuando no guarda los juguetes.

Recompensas que puedo darle:

Elogios, sonrisas, caricias, ayudarlo a recoger los juguetes, galletas, jugar juntos, etc.

Paso 4: Corrija los errores.

Lo que podría decir cuando corrijo a mi hijo por no guardar los juguetes:

Indicar el comportamiento problemático mediante la imagen y la palabra: *"Mi amor, sé que quieres mirar televisión, pero tus juguetes todavía están en el piso".*

Aplicar una consecuencia: *"No podrás mirar televisión hasta que hayas guardado los juguetes".*

Indicar el comportamiento positivo mediante la imagen y la palabra: *"Pon todos los juguetes en el baúl de tu habitación y avísame cuando hayas terminado".*

Practicar: *"Veamos qué tan rápido puedes hacerlo. Controlaré el tiempo. ¿Listo? Preparado... Listo... ¡Ya!".*

Consecuencias negativas a las que puedo recurrir cuando mi hijo no guarda los juguetes

Enmendar: recoger los juguetes.

Tiempo Quieto.

Redirigirlo de lo que está haciendo a recoger los juguetes.

Quitarle el privilegio de mirar televisión hasta que haya recogido los juguetes.

Paso 5: Elabore un Plan para Conservar la Calma.

Si me altero cuando mi hijo no guarda los juguetes, puedo hacer lo siguiente para calmarme:

Respirar profundo, contar hasta diez y tomarme Tiempo Quieto.

Si mi hijo se altera cuando le hablo acerca de que no guardó sus juguetes, puede hacer lo siguiente para calmarse:

Quedarse un rato solo en su habitación, respirar profundo, apretar su almohada, etc.